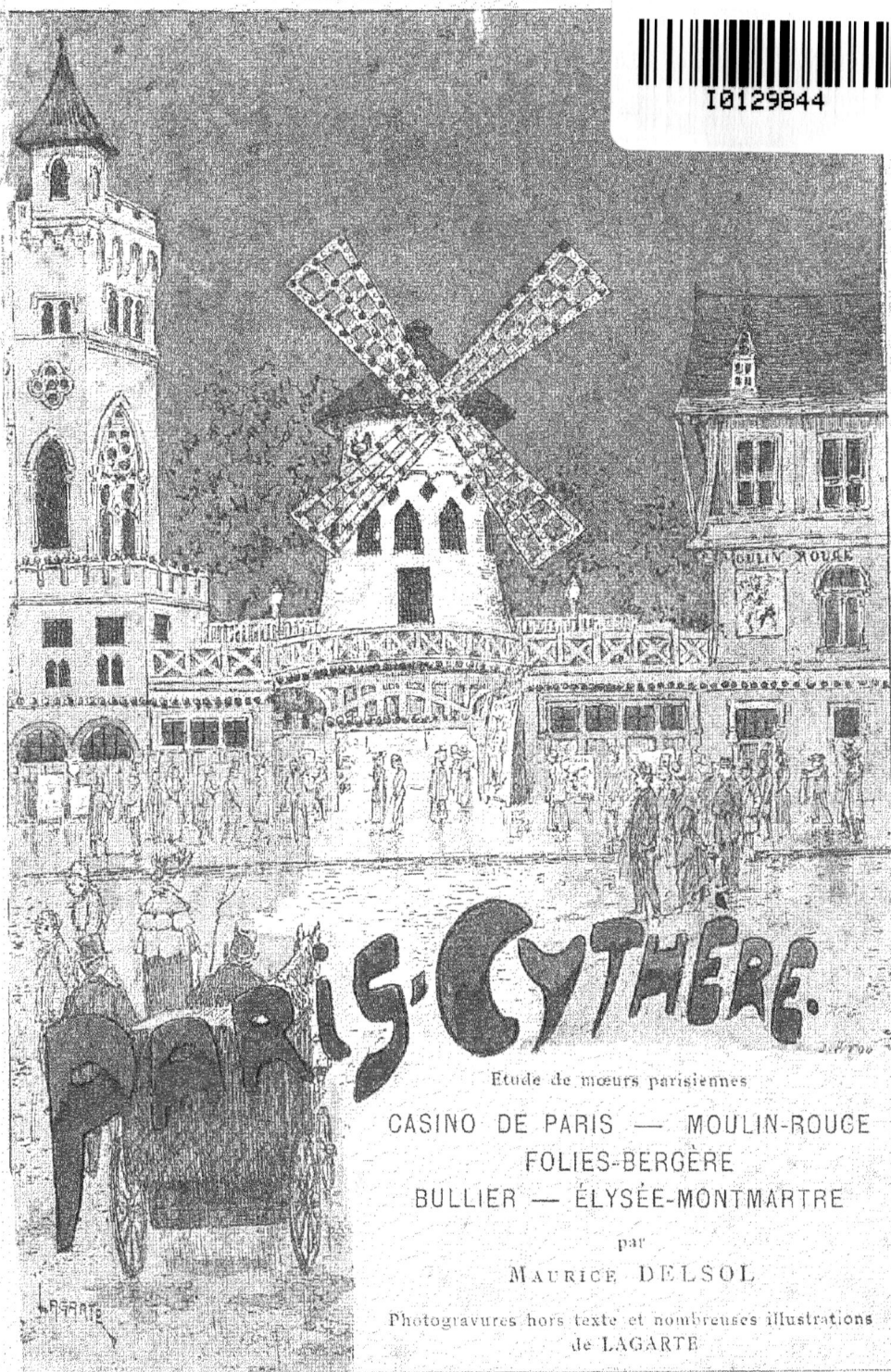

Paris-Cythère.

Etude de mœurs parisiennes

CASINO DE PARIS — MOULIN-ROUGE

FOLIES-BERGÈRE

BULLIER — ÉLYSÉE-MONTMARTRE

par

Maurice DELSOL

Photogravures hors texte et nombreuses illustrations
de LAGARTE

Paris-Cythère

ÉTUDE DE MŒURS PARISIENNES

CASINO DE PARIS — MOULIN-ROUGE — FOLIES-BERGÈRE

BULLIER — ÉLYSÉE-MONTMARTRE

PAR

Maurice DELSOL

Photogravures hors texte
et nombreuses illustrations de L. LAGARTE

Imprimerie
DE LA FRANCE ARTISTIQUE ET INDUSTRIELLE
18, RUE CADET, PARIS

PARIS-CYTHÉRE

MANON

A la redoute du *Fin de Siècle*... (Page 51.)

Paris-Cythère

La première chose que fait un étranger, en arrivant à Paris, est de demander quelle est la pièce à succès du moment, puis, après cette entrée en matières, quels sont les établissements où il pourra admirer, tout à son aise, ces Parisiennes dont il a partout entendu

vanter l'élégance, la beauté et...
le reste.

Nous ériger pour lui en cicerone et
le conduire dans les bals-concerts
qui, même chez nos pudiques voisins
d'outre-Manche, ont toujours été
cités comme une des principales
attractions de notre gai Paris, nous a
paru sujet à d'intéressantes observa-
tions et à de curieuses études de
mœurs. Là, en effet, tous les vices de
la prostitution et de l'érotisme
s'étalent en pleine lumière, mais avec
une franchise rabelaisienne qui les
rend amusants, et, par cela même,
moins dangereux. C'est bien ce qui
différencie Paris de la plupart des
autres capitales où règne, en appa-
rence, une sévère morale, mais qui, en
réalité, sont infestées de ces maisons

de « passes », asiles de la débauche virginale et des turpitudes séniles, auxquelles, chez nous, la police des mœurs fait une guerre si impitoyable.

Notre tâche n'est pas de faire visiter à nos lecteurs de pareils « pensionnats », mais en l'accompagnant dans les principaux bals-concerts de la moderne Babylone, de faire défiler devant ses yeux une série d'« instantanés » des types d'habituées les plus intéressants à connaître ; de l'initier enfin aux petits mystères de ces temples profanes, dont les « vestales » entretiennent le feu sacré de l'amour par des pratiques tenues si en honneur autrefois à Cythère et à Lesbos . . .

. . . .

. . . .

CASINO DE PARIS. — Le Hall

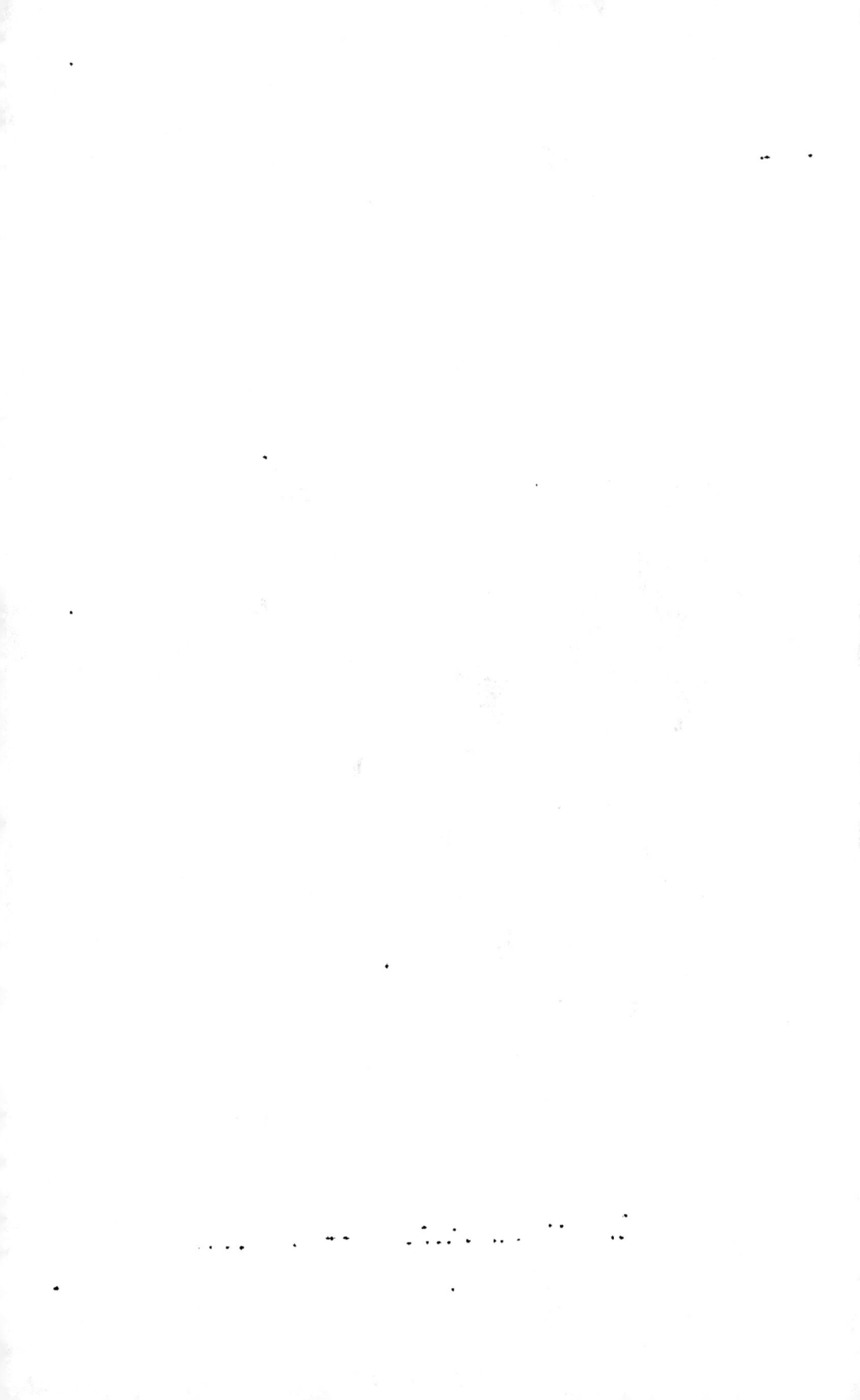

Le Casino de Paris

DIFIÉ, en 1890, par M. Lointier, sur les vastes terrains où autrefois avait été construit le Skating de la rue Blanche, le Casino de Paris, comme dimensions, richesse de décoration et originalité d'installation, peut, à juste titre, passer pour le plus bel établissement de ce genre, existant non seulement à Paris, mais dans le monde entier.

Ayant coûté des sommes énormes, le Casino de Paris, avec le théâtre y attenant, était voué à une prompte faillite. Elle arriva au bout de la première année d'exploitation.

Il fut réouvert en 1891, sous la direction de M. Borney et de M. Desprez, le directeur de l'«Élysée-Montmartre», qui avait une revanche à prendre sur Zidler, dont le « Moulin-Rouge » faisait une concurrence désastreuse à son bal de la Butte.

Elle fut éclatante, il faut le reconnaître, car après avoir apporté d'heureuses modifications dans l'installation et la décoration de la salle du « Casino », les nouveaux directeurs virent bientòt la vogue s'emparer de leur établissement, qui devait être, dès lors, pendant l'hiver, le rendez-vous de toutes les jolies et élégantes demi-mondaines, enfin de ce Tout-Paris qui s'amuse et que nous retrouvons, l'été, au *Jardin de Paris*.

Le « Casino » donne à la fois sur la rue de Clichy, à côté du *Pôle-Nord*, et sur la rue Blanche. C'est par cette dernière porte qu'on entre également dans le coquet théâtre de cet établissement : le *Nouveau-Théâtre*.

Aussi Edmée Lescot disait-elle dans sa « Chanson du Casino » :

> « Au Casino de Paris
> « Les femmes et leurs maris
> « Prenn'nt pour entrer le dimanche
>   « Par la ru' Blanche.

« Quand il vient dans la semaine,
« De ses devoirs affranchi,
« Carrément l'mari s'amène
« Par la ru' d'Clichy ! (bis) »

Le théâtre communique intérieure-
ment avec la salle du Casino ; de
sorte que, pendant les entr'actes, on
peut aller y entendre le concert, puis
voir chahuter les produits ou les émules de l'école de Nini Patte-en-l'Air.
C'est au « Nouveau-Théâtre » di-
rigé, avec tant de compétence, par
M. Borney, que fut donnée, entre
autres pièces originales, la *Danseuse
de Corde*, d'Aurélien Scholl, où furent
reproduites de curieuses scènes réa-
listes de la vie anglaise. A l'acte
représentant le *Concert de l'Alhambra*,
notamment, six Anglaises « The

Subermanns » exécutaient la gigue, voire même le chahut, avec un ensemble et une grâce à rendre jalouses les meilleures élèves de Nini.

Plus tard elles vinrent aussi danser dans le hall, costumées en soldats de l'armée du... salut, et obtinrent un succès fou avec leurs danses exécutées d'une façon fort originale, sur un motif de Chopin arrangé en... gigue !

Mais quittons le théâtre et pénétrons dans le hall du Casino.

Tout d'abord son aspect grandiose, sa décoration si artistique, son éclairage électrique, reflété par les glaces immenses qui décorent les murs, vous éblouissent.

On est véritablement émerveillé et on reste quelques instants sous le charme d'un pareil décor.

Au fond, près de l'entrée de la rue de Clichy, on aperçoit la petite scène sur laquelle chanteurs, gymnasiarques, équilibristes, dompteurs, toutes les excentricités possibles, enfin, viennent, à tour de rôle, jouer leur numéro.

Autour du hall, à une assez grande hauteur, court une large galerie à balcons, soutenue par d'élégants piliers montant jusqu'à la toiture et terminés par de remarquables cariatides : femmes nues, grandeur naturelle, tenant d'une main la tige d'un lampadaire électrique.

L'orchestre du bal, qui a lieu après le concert, se tient sur cette galerie, dominant ainsi toute la salle.

Au rez-de-chaussée, le long des grands côtés latéraux de ce hall

dont la surface est celle d'un immense rectangle, des loges ont été aménagées, comme de véritables boxes.

C'est là où l'armée de Cythère, toutes classes mobilisées, et en tenue de campagne, vient établir ses batteries. La position est bien choisie, puisque les pigeons sont obligés de passer sous le feu de ses œillades meurtrières...

Les premiers confetti que l'on ait vus à Paris furent lancés de ces loges pendant les bals parés et masqués de 1892.

On sait le succès qu'obtint cette innovation. Il n'en fallut pas davantage pour ramener un peu la gaieté et l'entrain dans les fêtes du carnaval qui, depuis la guerre, devenaient, chaque année, de plus en plus macabres.

Dix heures ont sonné, le concert est près de finir et la bal va commencer. Nos plus élégantes demi-mondaines ont envahi le promenoir et les loges, *quærens quem devoret !*

C'est le moment de croquer quelques silhouettes intéressantes :

Madame Cardinal, une plantureuse commère, flanquée de sa fille: une rose dans son épanouissement le plus complet.

Ne manque pas une soirée, espérant toujours faire un avantageux placement de mère de famille.

Installée dans sa loge, elle donne de sages avis sur la qualité des pigeons, et parfait ainsi l'éducation pratique de sa chère enfant en lui enseignant la façon de se faire vingt-cinq mille

livres de rente en n'élevant pas de
lapins....

Ajoutons qu'elle vient de goûter,
bien malgré elle, les joies de la grand'-
maternité, ce qui a été cause d'un long
chômage, pénible à tous égards.

Germaine et *Jeanne*, les deux « petites juives » se disent sœurs... de
lait, probablement. Très brunes,
assez gentilles, on les voit toujours
seules, ne levant jamais la jambe,
ni de « michés », en public. Enfin, très
correctes.

Se prétendant hystériques, font
l'amour à la course et non à l'heure.
Il faut bien ménager son capital, surtout quand on est fille d'Israël !

Lelly Hariett, de même que beaucoup de nos jolies demi-mondaines, vient seulement au Casino les jours de fête ; une gentille petite figure grosse comme le poing, mais le corps d'un maigre à en être diaphane.

Toujours incrustée de bijoux des pieds à la tête — à ce *signe* particulier, lecteurs, vous la reconnaîtrez. Une habituée du Bois où elle va faire son « persil », paresseusement étendue dans un landau entre son caniche et sa gamine. A reporté toutes ses anciennes affections pour les hommes sur les chevaux. Monte très bien, d'ailleurs, en haute école, s'il vous plaît, et aspire à briguer, un jour, les ovations de la foule dans les cirques.

D'une rare élégance, change de toilette chaque soir, quitte à repasser sa défroque aux jeunes amies qui cohabitent, entre temps, avec elle, dans son petit hôtel de la Plaine-Monceau où toutes les distractions possibles attendent les membres du « Royal-Meilhac », désireux de finir gaiement une nuit heureusement commencée au Cercle.

Marguerite de Roësler, comme un rayon de radieuse lumière, nous arrive du Nord. Une de nos plus jolies et transcendantes minettes de Paris, ce dont, d'ailleurs, elle paraît convaincue. A une certaine ressemblance avec la gente Cassive. Fait sensation lorsqu'elle vient au Casino, en ses toilettes du dernier « vlan ». Elle s'y amuse d'ailleurs comme une petite folle, surtout les soirs de bal masqué. Ce qu'elle y fait, alors, une consommation de confetti !...

Sort le plus souvent escortée d'une nuée d'adorateurs qui lui servent de «porte-manteau», et sont heureux d'être payés de leur zèle par un sourire de la blonde enfant.

Passe son temps entre un vieux qui l'assomme, un jeune qui l'amuse et une femme qui lui est indifférente ; enfin, à faire des « fumisteries » à M. Clémenceau qui habite, rue Clément-Marot, la même maison qu'elle. Il paraît que ce député « chaste », dirait Yvette, devant ses dieux lares, avait demandé son expulsion par crainte que son voisinage ne vienne compromettre sa réputation, tout comme si cette jeune fille d'Ève était une parente de Cornélius ! — *Inde iræ.*

Un des tours les plus amusants que Marguerite de Roësler ait joué à son vertueux voisin a été, sans contredit, celui de faire stationner, de temps à autre, devant sa porte, un coupé dont le cocher et les chevaux portaient de magnifiques cocardes tricolores.

On devine les émotions du leader de l'extrême gauche qui, chaque fois, croyait voir sortir de cette pseudo-voiture ministérielle le bienheureux porte-feuille, rêvé depuis si longtemps, et pour la possession duquel il semble avoir aujourd'hui moins de chances que notre vénéré maître Zola pour son fauteuil académique !

Marion de Lorme a les épaules assez belles pour porter un nom historique aussi lourd. La gorge au fond de

laquelle les moins vaillants se laisse-
raient facilement rouler, n'est pas un
des ornements les moins suggestifs de
son corps de sirène. Marion est une
blonde dont les yeux sont quelque peu
malicieux, quoiqu'elle ne soit pas
réputée mauvaise camarade, tant s'en
faut.

C'est une de nos plus élégantes
demi-mondaines, fréquentant le Casino
entre deux séances de patinage au
« Pôle-Nord ». Comme *Irma de Mon-
tigny*, avec qui elle a plus d'une ressemblance, elle adore tous les genres
de sport, depuis le cheval jusqu'au
patin.

Son papier à lettres est tout un poème;
il est orné d'un bouquet de pervenches
avec cette devise :

« Je m'ouvre la nuit. »

Marguerite de Lierre est un des plus remarquables échantillons de ces beautés viennoises qui ont tant frappé l'imagination des explorateurs du « Prater », ces Champs-Élysées de Vienne.

Son nom la prédestine à mourir où elle s'attachera, aussi sommes-nous certain que Paris la conservera long-temps comme une des plus riches perles de son écrin.

Suzanne Derval avec son corps de Vénus du Titien, une tête expressive et des yeux déconcertants, est une de ces belles pécheresses qui font le bonheur des directeurs de théâtre de genre, ayant des rôles exigeant un maillot bien rempli. Aux « Menus-Plaisirs» notamment, Suzanne Derval dans la « danse serpentine » de *Tara-raboum-Revue* obtint un triomphe encore beaucoup plus complet qu'*Émilienne d'Alençon* qui, au début, y créa ce rôle pendant le temps que l'élevage de ses lapins la laissait libre.

CARACTÉRISTIQUE : Très « bidard » en amour...

Juliette, grande, élancée, un visage aux traits irréguliers, mais dont la bouche rieuse commande la sympathie au premier abord, au second : l'amitié, et au troisième... l'amour.

Accompagnée de sa fidèle camériste, Juliette arrive au Casino dans un petit coupé bien attelé, afin de tâcher d'y découvrir un ou une camarade avec qui elle pourra se distraire. Très généreuse, elle est la providence des fleuristes et des marchandes de bibelots qui savent tout le parti qu'elles peuvent en tirer, lorsqu'elle est enivrée de champagne et d'amour. Les almées de Montmartre, premiers sujets des « concerts orientaux », installés dans les bals-concerts de Paris, ont toujours excité violemment ses passions...

Ça finira même par lui jouer quelque vilain tour !

Louise de Brenne, naturellement blonde, poitrine opulente mais ferme, est, aujourd'hui, infiniment plus appétissante qu'au temps de ses débuts au quartier Latin, il y a une dizaine d'années. Hâtons-nous de dire qu'elle avait alors à peine quinze ans, et que si elle n'avait pas fait à cette époque

une longue fugue à Buenos-Ayres, la
névrose qui la guettait à Paris ne lui
aurait pas laissé le temps de goûter à
ces joies enivrantes de l'amour, dont
elle se nourrit si copieusement à présent.

. De son voyage d'outre-mer, elle
rapporta beaucoup de diamants et des
désirs ardents de mener une joyeuse
existence sur le théâtre de ses premiers
succès.

Les diamants, est-il nécessaire de
le dire ? s'en allèrent les premiers.
Avec l'âge, les désirs se calmèrent, et
la femme d'intérieur remplaça bientôt
la follette qui jetait aux quatre vents
le fruit de ses expéditions lointaines.

Il lui prit même un jour fantaisie de
goûter les joies d'un conjungo légi-
time. Elle en fut délivrée par un veu-

vage venu à point ; les consolateurs ne lui firent pas défaut.

Nature aimante, Louise, avec son cœur d'or, ne peut sentir malheureux ceux qui l'entourent. Aussi a-t-elle toujours été la providence de sa famille et de ses amies, pour qui elle s'est mise trop souvent dans la gêne.

Caractéristique : S'adonne à l'élevage des levriers. Ajoutons que les siens arrivent généralement premiers lorsqu'elle les engage dans les courses aux lapins.

Marguerite Lallemand, une jeune recrue tout nouvellement arrivée de province, avec l'intention bien arrêtée de faire rapidement son chemin dans Paris, la grand'ville. A commencé par débuter aux « Folies Bout-de-

Bois », mais finira, peut-être, à la Comédie-Française.

Ne décourageons pas les vocations !

Jolie, d'humeur joyeuse et folichonne, pas mal faite avec cela, elle deviendra vite une de nos minettes les plus en vue, lorsqu'elle sera bien « entraînée », et ce n'est pas la bonne volonté qui lui manque !

Signe particulier : Adore les hommes et, partant, les bêtes. Est très fière de son chat, un angora noir superbe...

Irène, vient, le plus souvent, escortée d'une demi-douzaine de femmes affublées d'un chapeau de garçon et qui la suivent comme une troupe de chiens derrière une chienne en rut...

Très belle fille, mais, par exemple, de force à manger autre chose que des truffes, tout en ayant le sale caractère des « Vierges de la Confrérie » !

Irène, malgré des débuts plus que modestes, s'est vue tout à coup arrivée, sinon à la fortune, au moins à la gloire, grâce à cette excellente patronne de la rue Marbeuf, qui, en âme charitable, s'était chargée de son avancement. Malheureusement pour la locataire principale de sa vertu, dégoûtée des plaisirs de Cythère, elle s'évada un beau matin et mit le cap sur Lesbos où elle a aujourd'hui un solide port d'attache. Il y a même, assurent les mauvaises langues, quelques-uns de ses adorateurs qui lui auraient généreusement donné son pesant de vif argent, pour qu'elle ne s'absentât jamais de cette île où elle paraît goûter tant de félicités !

Ajoutons qu'Irène est devenue une fidèle du patin depuis l'ouverture du « Pôle-Nord ».

Marcelle Odoux, ravissante blonde aux yeux candides de provinciale, débarque de temps à autre de son « patelin » des environs de Lille pour prendre à Paris une provision de bon temps. Comme elle n'est plus d'âge à jouer avec des poupées ou des polichinelles, elle s'offre des hommes à la place...

Aussi fait-elle l'exaspération de certaines femmes qui la suivent comme son ombre, dès qu'elle apparaît, pareilles aux vampires guettant leur proie. Mais il est probable qu'elles en seront, quelque temps encore, pour leurs frais, car Marcelle n'est pas assez blasée

pour se jeter dans les bras de ces prêtresses de Lesbos.

Voici la « *femme barbue* », qui
s'avance bue..., moustaches en croc,
chapeau à la mousquetaire ; on dirait
d'Artagnan habillé en femme ! De
quelle façon, diable, doit-elle s'y
prendre pour faire des affaires, cette
fidèle habituée du Casino ?

Dieu que les hommes sont dépravés !

Gretchen, dite la « Saucisse », un
autre type suave à noter, fait les
délices des « hacheurs de paille »
infestant Paris. Tournure de grosse
cuisinière endimanchée, figure plate,
cheveux filasse, jambons énormes ;
somme toute, un échantillon réussi
des produits d'outre-Rhin !

Blanchette, jeune encore, de petits yeux clignotants et pervers, visage d'une pâleur cadavérique, seyant bien à son nom.

Mise toujours à la dernière mode, ne fréquente plus les femmes, s'entoure aujourd'hui de jeunes gens correctement revêtus de l'habit noir comme s'ils l'escortaient à sa dernière demeure.

Après avoir passé par Cythère et Lesbos, paraît s'être fixée à Gomorrhe.

On peut dire d'elle qu'elle fait l'amour en désespérée !

Camille Lelièvre, jolie tête de brune, remarquablement distinguée, des yeux grands comme ça..., faite au tour, et, ce qui est rare, ayant quelque esprit, enfin tout ce qu'il faut pour rendre un homme heureux et les femmes jalouses.

Ses armes sont :

« *Un daupihn terrassant un lapin, sur champ d'or*. »

Carmen de Perville, un officier supérieur du bataillon. Fervente adepte des expéditions lointaines, elle a conquis tous ses grades à l'étranger. Rarement à Paris. On la trouve un jour à Monte-Carlo, le lendemain à Spa ou à Ostende. A un faible pour la roulette, aussi roule-t-elle toujours...

Berthe de Sérigny, profil régulier, distinguée et très élégante, a eu, autrefois, son heure de célébrité, grâce à la publicité de ses démêlés avec un de nos honorables Pères Conscrits, son protecteur au titre sérieux.

Jour et nuit au travail, ayant horreur du chômage, se paye seulement, de temps à autre, un « gigolo » pour faire diversion, dans ses nuits de folles « vadrouilles » aux Halles.

Quoique femme d'ordre, elle a pour ses amis toujours le cœur sur la main ; sa maladie d'estomac doit même y être pour quelque chose...

Laure d'Argent ! Un nom qui peut servir de devise à toute la famille. La cadette de trois sœurs dont l'aînée est déjà retirée des affaires et la seconde, mise au rancart pour imperfections physiques, sert le plus souvent de bonne aux deux autres.

Jeune, gentille, tête fine et intelligente, cette nouvelle débarquée des bords de la Garonne aimerait mieux venir chaque soir pour s'amuser et danser au Casino que de rester à la maison pour frictionner les rhumatismes de son vieil ami.

En jeune personne bien éduquée, Laure d'Argent sait, toutefois, faire contre fortune bon cœur, afin de ne pas compromettre la sienne ; aussi se fait-elle rare aujourd'hui, trop rare, même, au gré de ses nombreux admirateurs.

Nouvelles Mily-Christine, *Méli-Mélo* sont deux amies inséparables ; aussi opulentes l'une que l'autre, portant la même perruque blonde frisée, on les voit régulièrement, depuis nombre d'années, exposer leur portrait peint, verni et émaillé, au Casino d'abord, chez Sylvain ensuite.

Gabrielle, grande et robuste fille à la figure ouverte et avenante, une ex-danseuse de la troupe de *Féridjée* où elle a fait ses premières armes. D'une extrême sensibilité, elle s'est trouvée bien malheureuse pendant tout le temps où les plumes de paon étaient en vogue...

Andrée, un gros et gentil bébé, papillonne dans les jardins de Cythère, toujours à la recherche de faciles amours qui durent ce que durent les roses, l'espace d'une... nuit!

G. 'Gère, entourée de la fine fleur du « Royal Œillet Bleu », ses gardes du corps, trône les soirs de grande fête dans une loge jonchée de bouquets. Comme toutes les femmes ayant eu beaucoup de succès à vingt ans, Gère ne peut se consoler de vieillir.

Émaillée et parée de brillants qui n'ont nullement l'*air* cathelin, c'est une élégante parmi les élégantes du monde où l'on festoie. Imbue de sa valeur au point de vue plastique, elle ne manque jamais l'occasion d'exhiber ses formes *coram populo*, en jouant dans les théâtres des rôles aussi muets qu'esthétiques !

Dynamite et Luce. « Clairons, sonnez au champ! » Voilà... presque le ministère qui passe! Ces deux-là viennent ici, de temps à autre, en « bordées ».

La première, appelée *Dynamite,* dans l'intimité, se dit rejeton d'ancien ministre.

Pas jolie, il est vrai, avec ses petits yeux lubriques enfoncés dans une face joufflue, mais excellente personne; montre complaisamment, comme ce qu'elle a de mieux, des seins débordants.

S'étant retirée à temps du Panama, possède, aujourd'hui, en toute propriété, un hôtel fort bien installé aux Champs-Élysées.

Fait la noce par tempérament et désœuvrement. Vogue de Cythère à Lesbos avec la même conviction. A un faible pour les tableaux vivants et les parties à quatre. Quoique n'en ayant pas besoin, prélève une dîme sur l'amour de ses adorateurs, afin d'être bien certaine qu'ils ne pourront pas se vanter de s'être offert sa tête, et d'être venus profiter « à l'œil » de l'hospitalité si large qu'elle donne à ses amis.

Luce, la seconde, parente également d'un ministre qui a fait faire, celui-là, un pas considérable à la culture des choux, pose pour le sentiment...

Blonde fadasse, frisant la trentaine, se donne, avec ses cheveux dans le dos, des airs d'échappée de couvent. Son *King-Charles* sous le bras, bien qu'usée jusqu'à la corde, elle cherche, par habitude, une femelle dans les seins de qui elle pourra épancher son trop-plein de lyrisme.

A pratiqué, entre temps, tous les arts en faveur à Lesbos, la sculpture en particulier.

Jeanne Janvier et *de la Motte*, pas

très grandes, un peu boulottes, cheveux blonds bouclés, figures assez jolies mais manquant d'expression, ayant, en un mot, le physique de l'emploi. Un attelage on ne peut mieux appareillé.

Clientes de chez Julien, viennent passer une heure au Casino pour se faire la main. Comme elles sont mises généralement avec beaucoup de chic, elles ont un certain succès auprès des étrangers qui paraissent ignorer notre proverbe : « Tout ce qui reluit n'est pas d'or ! »

Aoûda, type très réussi de créole, généralement coiffée d'un foulard rouge, coquettement roulé en sorte de turban.

Lèvres sensuelles, yeux noirs très amoureux, elle a dû conserver dans le sang beaucoup de la chaleur de son pays natal.

Riche nature pour les amateurs d'exotique !

Giroflée-Girofla, deux sœurs aussi ressemblantes au physique que différentes au moral. Blondes toutes deux, même visage et même taille, elles ont pu, surtout lorsqu'elles débutaient, se payer d'amusants quiproquos avec leurs clients. Lorsque l'une était indisposée, l'autre pouvait très bien la remplacer sans qu'on s'en aperçût. Il est vrai qu'il n'y a jamais que la foi qui sauve !

Henriette Carvalho, qui avait sans doute eu confiance dans l'étoile de son nom, n'a pas, cependant, franchi précisément les portes de l'Opéra-Comique, ses débuts au concert n'ayant pas eu, tout d'abord, le succès que méritaient ses louables efforts artistiques. Persiste, néanmoins, à paraître de temps à autre sur les planches des concerts parisiens où elle finira, espérons-le, par avoir des succès.

Lorsqu'elle vient au Casino, elle y fait sensation les jours de fête par ses robes ultra décolletées. On voit qu'elle a pu apprécier la valeur du proverbe : « Comme on connaît les seins on les adore. »

Juliette de Fontenay, à qui les planches n'ont pas permis, non plus, de décrocher la timbale, n'a pas l'air autrement de s'en affecter. Généralement de bonne humeur, elle prend le temps comme il vient et les hommes comme ils sont. Assez gentille et avenante, pour se tirer toujours d'affaire, elle a une dose de philosophie qui la met à l'abri des ennuis d'une « dèche » momentanée.

La langue bien pendue, Juliette a toujours des petits potins à vous raconter, et s'amuse elle-même en amusant les autres.

Il n'y a pas beaucoup de femmes dont on pourrait en dire autant !

Jeanne la Folle est un type dans toute l'acception du mot.

Avec son lorgnon, généralement planté de travers, on la voit circuler dans les groupes, quémandant des nouvelles et, au besoin, en donnant.

Amie des journalistes, pour lesquels, dans son « home », en bon copain, il y a toujours le verre de fine de l'amitié, elle cultive non la littérature, mais les arts à ses moments perdus.

Très belle fille d'ailleurs, Jeanne est enchantée chaque année de remplir un rôle et surtout un maillot dans une revue des théâtres de genre. Tête des plus légères, elle fait alors le bonheur des directeurs qui se rattrapent, haut la main, par des amendes justes mais sévères, des faibles appointements promis !

Ritta, une brune aux formes opulentes, aussi bonne fille que Jeanne, mais plus sérieuse, se croit obligée d'assister à toutes les premières. Si elle ne joue pas, elle tient au moins à faire partie de la critique théàtrale ; possède assez de littérature pour faire passer, de temps à autre, un peu de copie dans les canards, au lieu et place d'amis « empêchés ».

A été très courtisée autrefois à Bruxelles, — savez-vous ? — dans le monde diplomatique, lorsqu'elle était toute jeune mariée.

Suzanne Pearl, élégante, très élégante même, et suffisamment jolie pour se croire en droit de ne pas répondre à tous les compliments, plus ou moins sincères, qu'elle recueille sur son passage. Fait très consciencieusement sa petite affaire en ne fréquentant que les gens du monde en quête d'amours avec quelques garanties, ce qui lui a

donné, à défaut d'esprit, un certain
vernis et une bégueulerie taxée de
bon ton.

Sur son papier à lettres, parfumé à
la « peau d'Espagne », est gravée en
exergue cette devise indicatrice :

« Je m'allume quand on m'éclaire. »

Reine Laverge, a longtemps été
l'amie de Suzanne. Moins jolie que
celle-ci, Reine a eu cependant son
heure de succès dans une certaine ville
de province où elle était allée passer
une dizaine de jours, appelée comme
témoin, lors d'un procès en divorce qui
occupa toute la presse l'année dernière.
Ses toilettes ébouriffantes firent scandale dans la paisible et chaste ville
baignée par les flots tranquilles de la
Loire. Elle y causa un trouble profond

parmi les membres du barreau, voire même du tribunal...

Qu'on en juge par le début de son interrogatoire auquel procédait le président, un de ses admirateurs, avec le ton aimable d'un bouledogue à qui on retire un os :

— Votre nom ?

— Reine Laverge.

— Votre âge ?

— Vingt ans.

— Votre profession ?

— Fleuriste... à façon...

. . . .

La toque du président passa, incontinent, de l'oreille droite sur l'oreille gauche !

Manon, gentille petite tête, encadrée de beaux cheveux noirs ramenés sur le

front « à la vierge ». Un corps superbe
d'adolescente, dont les seins, se dressant
la pointe en l'air, refusent de subir les
outrages du corset...

A la fameuse redoute masquée donnée en 1893 au Moulin-Rouge par les
« Quatr'-Z-Arts », société comprenant
les élèves des divers ateliers de pein-
tres, sculpteurs, graveurs et architectes
de la Capitale, Manon eut un prix
d'esthétique, décerné à la majorité des
invités, lorsqu'elle se présenta, en
concurrence d'une vingtaine de modèles, dans le déshabillé que ceux-ci
prennent, d'habitude, lorsqu'ils posent pour l'ensemble.

Ce concours, terminé par un quadrille des plus naturalistes, eut, inutile
de le dire, un colossal succès.

C'est encore elle qui fut choisie, cette

même année, à la redoute du *Fin de Siècle*, pour être portée en triomphe sur un palanquin recouvert de velours grenat et sur lequel, entièrement nue, elle était couchée dans une pose... pleine d'abandon.

Ajoutons que dans ces diverses circonstances on avait totalement négligé d'inviter le révérend Père Conscrit Bérenger et les membres de sa *ligue contre la licence des rues... ou des grues,* qui se seraient inévitablement levés devant un spectacle empreint d'un tel orientalisme !

C'est peut-être à cet oubli regrettable, que la belle Manon a dû l'honneur d'être « condamnée » à la tribune du Sénat par le farouche moraliste susnommé. Une chose dans cette séance mémorable nous a paru, d'ailleurs, souverainement injuste ; c'est celle de n'avoir pas permis à l'accusée de venir présenter, elle-même, sa défense dans son costume si critiqué, ce qui nous aurait procuré une touchante réédition de la fameuse scène de « Phryné devant l'Aréopage » !

Blanche Villaret, quoique jeune, est une ancienne qui « la connaît et la pratique ». Elle est assez jolie, d'ailleurs, pour captiver par ses charmes des gentlemen « sérieux », en quête d'une bonne fortune.

Ne rentre chez elle que lorsqu'elle a mis la main sur le pigeon cherché. Ajoutons qu'il lui arrive rarement de rentrer seule.

Sa principale ambition est d'installer dans son vaste appartement de la rue Poissonnière une table d'hôte où, moyennant un prix relativement modique, on trouverait chez elle une nourriture saine et abondante, y compris les apéritifs variés qu'elle et ses amies offriraient à leurs pensionnaires.

Espérons, pour elle, que cette idée si « pratique » ne tardera pas à être réalisée, grâce au bienveillant concours de ses nombreuses connaissances.

Valentine, seize ans, une petite figure de poupée, des yeux à s'y noyer; avec ses airs timides a su, dès ses débuts, se tirer d'affaire en s'assurant de précieuses amitiés.

A peine formée, elle ne fera que gagner en vieillissant, au point de vue physique s'entend !

5.

Vient au Casino plutôt par distraction que pour le « mauvais motif ». C'est une recrue qui fera son chemin, car elle doit certainement avoir son bâton de maréchale dans son aumônière.

Nadia, très brune, très maigre, figure distinguée, a pris un nom russe probablement pour aider à cimenter l'alliance avec le pays des boyards.

Native de Tours, elle était, quelques années avant l'Exposition, une des femmes les plus cotées à Paris, sur le turf de la galanterie. Aujourd'hui, quelque peu fanée, les yeux battus par les excès de toutes sortes, Nadia vient au Casino, toujours fidèlement suivie de sa bonne, afin d'y trouver, à défaut du « royal », un ami compatissant.

Hystérique, comme beaucoup de ses pareilles, elle préfère, en effet, se contenter du gibier proscrit à Cythère que de rentrer chez elle bredouille.

C'est si bon la solitude... à deux !

Jacinthe, fille d'un comédien qui a amusé toute la génération de 1830, s'est enrôlée dans le bataillon, après avoir convolé en justes noces et s'être donné le plaisir de cribler son contrat de joyeux coups de canif.

A goûté ainsi tous les plaisirs réservés aux femmes et, ce, jusqu'aux joies de la maternité légale.

Est très fière de ses épaules : c'est, d'ailleurs, ce qu'elle a de mieux. Ayant l'âme des plus sensibles, elle se désespère de ne pouvoir mettre la main sur un amant dont la constance réponde à la sienne. Aussi commence-t-elle à revenir sur le compte de ces polissons d'hommes qu'elle traite de lâcheurs, et qui semblent avoir juré de laisser cette pauvre Jacinthe se dessécher sur sa tige !

Marion la Blanchisseuse, assez gentille de figure, boulotte, voix éraillée ; sent le lavoir malgré de jolies toilettes qu'elle essaie vainement de porter avec une ingénuité toute factice.

S'est, de suite, accouplée avec Irène, avec qui elle devait forcément se comprendre, ayant les mêmes goûts et une intelligence de même hauteur...

Marguerite Gautier, superbe fille à la physionomie expressive, dont les grands yeux étonnés semblent se réjouir et se dégoûter tout à la fois de ce qu'ils voient aujourd'hui.

C'est après avoir été làchée par son premier *Armand,* alors qu'elle était dans une situation des plus intéressantes, que Marguerite, n'osant rentrer à la maison paternelle, se vit contrainte à faire la noce, non sans avoir tenté, en pleine rue, de s'empoisonner en avalant une fiole de laudanum.

D'excellente famille, d'une éducation achevée, elle remplit, enfin, mieux au physique qu'au moral, les conditions nécessaires pour mener joyeusement l'existence où, à dix-huit ans, le hasard l'a jetée.

D'un caractère très fantasque, romanesque même, Marguerite Gautier, de son vrai nom *Marguerite Thiébaud,* a l'intuition qu'elle aura le sort de l'héroïne de Dumas, dont elle a pris le nom.

Comme fiche de consolation nous pouvons lui assurer qu'elle ne sera ni la première, ni la dernière !

Suzanne Deroches, dix-huit printemps, pas de corset, gentil minois exposé à la devanture des marchands de photographies d'artistes, bien qu'elle n'ait fait que passer, comme un météore, sur les planches des Variétés.

Se tient très sérieuse, ne gaspillant pas inutilement sa jeunesse et sa santé à faire une noce hors de propos.

CARACTÉRISTIQUE : A le culte des « souvenirs ». Aussi s'est-elle monté un petit musée très curieux avec les bibelots qu'elle découvre chez ses amis !

Jeanne, facilement reconnaissable par ses grands yeux verts dont la prunelle aux tons « changeants » est un vrai miroir aux alouettes. A constamment besoin d'aimer quelqu'un, une « femme à béguins » s'il en fût ! Se console à Lesbos des désillusions qu'elle recueille à Cythère et vice versa. C'est toujours sa dernière toquade qu'elle juge la plus forte ; au train où elle y va, et avec son tempérament, on se demande ce qu'elle pourra bien inventer, à la fin, pour se prouver à elle-même qu'elle est dans le vrai...

Quoi qu'il en soit, celui pour qui elle a, comme elle dit, un « pépin », ne doit fichtre pas s'embêter, surtout si ses feux sont à la hauteur des flammes de cette incandescente nature !

De Serre, grande, élancée, attaches fines, profil rappelant celui d'une tête de médaille antique. Un premier prix de beauté.

C'est elle qui, à une revue « privée » du Théâtre-Moderne, se présenta, un soir, dans une pose dont le plastique lui valut les applaudissements enthousiastes des amateurs du « Nu au salon ».

Est de toutes les fêtes parisiennes où elle sait pouvoir donner libre cours à sa fantaisie, à sa verve intarissable et endiablée. De Serre est réputée aussi excellente qu'amusante camarade, très choyée et très recherchée, enfin, des joyeux compagnons du « Royal Meilhac ».

Georgette Dufoyez, non de la danse,

mais de l'amour, vingt-trois ans, des grands airs de femme du monde, avec ses blonds cheveux noués à la grecque et un maintien toujours noble...en public. Dans l'intimité, la gamme change, car la grave minette devient bientôt un joyeux boute-en-train dont la nature, quelque peu hystérique, est sans cesse à la recherche de plaisirs nouveaux.

Léo des Glayeuls, cheveux blonds, coupés à la garçon ; signe particulier : un grain de beauté sous l'œil droit. Née en Angleterre, mais trop ennemie du spleen pour n'avoir pas déserté, avec enthousiasme, les brouillards de Londres, le jour où elle mit la main sur un mylord assez complaisant pour la transplanter sur les bords fleuris de la Seine.

Femme de sport, on la voit souvent chevaucher au Bois, en compagnie de Liane de Pougy, son idole. Est de première force aussi sur la bicyclette, ce qui lui permet de montrer une jambe divinement moulée.

CARACTÉRISTIQUE : Très joueuse, perd son argent avec autant de facilité qu'elle le gagne.

Lucie Dumaine, petite, grasse comme une jeune caille toute fraîche sortie des blés qui l'ont vu naître. A d'adorables fossettes et des seins provocants ; aussi dans les bals masqués de cet hiver, avait-elle un véritable succès dans son costume ultra décolletée de clownesse, qui permettait, vu l'absence de maillot, de se rendre parfaitement compte de beautés à peine voilées...

Jane Debarrey, un grand et bon
« garçon ». Depuis six ou sept ans
qu'elle fait une noce échevelée, est
toujours restée ferme sur la brèche,
n'ayant presque jamais, comme tant
d'autres de sa promotion, connu les
déboires de la fortune après laquelle,
d'ailleurs, elle n'a jamais couru.

Hystériquement amoureuse, Jane
est une vraie martyre de Cupidon qui,
sans pitié ni merci, la crible de ses
flèches, de tous côtés, dans le fol
espoir de se rendre maître de cette
nature à passions toujours inassouvies.
Il est probable qu'à ce petit jeu... in-
nocent, le fils de Vénus ne tardera
pas à épuiser et son carquois et sa
patience !

Pourvu qu'elle n'aille pas après, en
désespoir de cause, rechercher de

nouvelles sensations dans les dards empoisonnés de la déesse Morphine!

Lange Floréal, un nom aussi doux à prononcer que les mots qui, lentement, tombent de ses lèvres en véritables chansons d'amour.

Vingt ans, blonde comme Cérès, un profil tellement à l'antique, qu'on est ennuyé de n'y rien trouver d'irréprochable. Heureusement qu'elle va, d'elle-même, au-devant de tels regrets artistiques, en se croyant obligée d'user de la polychromie, ce qui la fait ressembler à une Diane de Gérôme.

Native de Genève, Floréal est arrivée à Paris, l'année dernière, avant l'établissement des droits d'entrée prohibitifs. Cache sous les dehors timides que ses compatriotes savent si bien afficher à l'occasion, une roublardise qui lui permettra de se retirer tranquillement, et avant peu, dans les riantes vallées de son pays natal où les échos enchanteurs du « ranz des vaches » viendront, sans nul doute, lui rappeler ceux, non moins enchanteurs, de l'orchestre du Casino de Paris !

Yvonne Renaud, très brune, de grands yeux passionnés, aux effluves magnétiques, qui vous font parcourir tout le corps d'un petit frisson voluptueux lorsqu'ils vous fixent ; une bouche sensuelle aux lèvres vermeilles, sur lesquelles, à chaque instant, passe un bout de langue gourmande, une vraie langue de chat ; un corps aux formes impeccables...

A débuté non à l'armée de Cythère,
mais dans un bataillon de l'armée
française, en garnison près d'une ville
de la Brie renommée par ses fro-
mages. C'est, en effet, en venant,
chaque matin, livrer à la caserne
le pain dont ses parents avaient
la fourniture, que cette enfant précoce
fut ainsi à même d'apprendre, dès
quinze ans, tous les mystères de la
« charge à volonté ».

Les sous-officiers lui ayant d'abord
inculqué leur savoir-faire, elle s'en
fut compléter ses études techniques
auprès des officiers du bataillon chez
qui, à leur réveil, elle allait porter
des petits pains chauds. Une façon
comme une autre, d'aider ses parents,
en continuant la fournée commencée...

Lorsqu'elle eut seize ans et que,

grâce au zèle de ses instructeurs, elle
eut acquis une « pratique » ne laissant
rien à désirer, Yvonne s'envola de la
boutique paternelle et vint à Paris,
laissant les auteurs de ses jours bar-
boter, tout à leur aise, dans le pétrin.

Aussi active qu'intelligente, elle put,
à l'aide de sa jeune mais forte expé-
rience, se tirer d'affaire. L'argent ne
suffisant même bientôt plus à son
ambition, elle voulut acquérir la gloire
et s'engagea comme « rat », dans le
corps de ballet d'une de nos grandes
scènes lyriques.

Au bout d'une année de travail
assidu, elle devint assez forte pour
remplir des rôles importants dans les
ballets des théâtres de genre et passer
ainsi au rang d'étoile de troisième
grandeur.

Vient au Casino dès qu'elle a fini son
« numéro », car, bien que n'étant pas
Anglaise, elle connaît toute la valeur
de ce proverbe qui paraît être sa devise : *Time is money !*

De Conti. Profil régulier, de beaux
yeux qui lui font le tour de la tête;
portant avec grâce et ingénuité toujours de fort jolies toilettes, tels
sont les traits caractéristiques de cette
fidèle du patin, dont les seuls soucis
sont de mener de pair ses devoirs
d'épouse illégitime avec ses envies de
s'amuser, en toute liberté, et ce, le
plus souvent possible...

On devine les ressources de sa
jeune et vagabonde imagination pour
arriver à concilier ces deux choses...
inconciliables. Il est vrai que de

pareilles ressources sont généralement inépuisables chez une femme, surtout lorsqu'elle est doublée d'une Parisienne !

Suzanne de Maneville, grande, taille admirablement bien prise, poitrine superbe, physionomie intelligente et douce; chaque soir en toilettes d'une rare élégance, c'est une des fidèles habituées du Casino qui a le plus de succès auprès des *dilettanti*, sachant apprécier à leur juste valeur les charmes de la Parisienne.

Très correcte de ton et de manières, Suzanne, qui n'a rien de sa chaste homonyme, a su, en réglant sa vie déréglée, se garder plus d'une poire pour la soif et se monter, quartier des Champs-Élysées, un petit intérieur

où le luxe est artistement joint au
confortable.

CARACTÉRISTIQUE : Porte toujours
sur la poitrine, comme couronnement
d'un si bel édifice, sans doute, une
couronne de comtesse en brillants.
On a des aïeux ou on n'en a pas !

Ivonne et *Blanche,* dites les deux
« Roger-Bontemps », l'une blonde,
l'autre brune, pas jolies, il s'en faut,
mais bonnes filles et toujours d'une
humeur justifiant leur surnom. S'amusent, un peu partout, avec un laisser
aller tout chabannesque.

Ne se quittent jamais, couchent dans
la même chambre, dont le principal
ornement est un immense lit de milieu
où elles peuvent, tout à leur aise,
faire des parties carrées....

Prennent habituellement des petites
bonnes qu'elles choisissent « virgo
intacta », afin d'avoir une mascotte
à la maison. Hâtons-nous de dire
qu'elles sont obligées d'en changer souvent, car, à leur école, ces mascottes
perdent rapidement leurs vertus !

C'est Ivonne et Blanche qui ont
inauguré le système des « déclarations-
circulaires », discrets rendez-vous
d'amour envoyés aux adresses copiées
dans le *Tout-Paris*. Ajoutons que,
jusqu'ici, la haute aristocratie parisienne ne paraît pas avoir répondu
avec beaucoup d'empressement à leurs
avances épistolaires.

Anna Bel, une poupée, qu'on prendrait pour une débutante, bien que
voilà déjà six ou sept ans qu'elle

ait signé son engagement dans la
cohorte.

Très nerveuse et très impression-
nable petite personne, adore les courses
et les émotions du jeu.

A dû être apprentie fleuriste si l'on
en juge, aujourd'hui, par ses talents en
la matière....

Excessivement sérieuse, Anna a toujours l'air très préoccupé, relativement
au résultat pratique de ses opérations
nocturnes. Elle doit certainement
avoir des charges de famille !

Marcelle et Hélène, deux perruches
inséparables, portent généralement des
corsages unis, de couleur tendre, aussi
voyants que de mauvais goût, ce qui
les a fait surnommer les « bonbons
Boissier ». Assez gentilles, au demeu-

rant, mais sont tellement concentrées
en elles-mêmes qu'il est difficile d'en
tirer deux paroles. C'est à croire qu'elles
ont usé leur langue à s'embrasser !

Feraient une maladie si elles man-
quaient un soir de venir au Casino,
s'y ballader, un monocle à l'œil, dans
la vaine espérance de fasciner un
hidalgo.

Madeleine de Lucenay, une brune à
tous crins, supérieurement bâtie, les
plus belles épaules de Paris ; se pro-
mène seule, la plupart du temps, les
sourcils froncés comme si elle cher-
chait quelqu'un sur qui elle serait
heureuse de faire passer sa mauvaise
humeur. Ne commence à se dérider
qu'après avoir ingurgité un certain
nombre de coupes de champagne.

i

C'est alors une tout autre femme, gaie et pleine d'entrain. N'empêche qu'en ce moment-là, il ne faudrait pas encore lui marcher beaucoup sur le pied, sous peine d'essuyer le feu roulant de ses aménités...

Caractéristique : Se considère au Casino comme étant de la maison.

Les *Sœurs d'Avrigny*, blondes, quant aux cheveux, mais dont les cils et les sourcils de jais révèlent le vrai pelage. *Jeanne* est, sans conteste, la plus jolie des deux, profil régulier, physionomie expressive, des yeux langoureux à damner tous les saints du Paradis et révélant chez leur propriétaire une nature ultra passionnée.

Ont, toutes deux à Bruxelles, il y a six ou sept ans, tourné les têtes des

jeunes cadets de l'École militaire.
Sont revenues à Paris, l'année de l'Exposition, pour se lancer dans le commerce de la ganterie, d'abord, de la
galanterie ensuite. Elles furent bientôt
dégoûtées du premier — qu'elles avaient
pourtant essayé de cumuler avec le
second, par les piètres résultats ob-
tenus au bout d'une année de négoce.
La liquidation fut désastreuse, surtout
pour leur commanditaire qui renonça
à soutenir plus longtemps la bonne
volonté, cependant évidente, qu'elles
mettaient à employer consciencieusement leurs journées. Très intelli-
gentes et, ce qui est rare, très
laborieuses, Jeanne et sa sœur ne se
tiennent pas pour battues par leurs
échecs successifs auprès de la fortune,
car elles essaient encore, vainement,

de l'enchaîner aux courses et à la roulette, grâce à un système dont elles se proclament les inventeurs (s g. d. g.), système que nous pensons être utile à nos lecteurs en ne le leur communiquant pas !

Marguerite, a été très jolie il y a quelques années, mais dans le « bataillon » les années de campagne comptant triple, on est vite obligé de recourir à la poudre de riz pour panser les blessures du temps. Aussi cette blonde fille d'Ève n'est-elle qu'une pâle effigie de ce qu'elle était il y a cinq ou six ans. C'est encore, toutefois, une des femmes les plus élégantes de Paris-Cythère, reste d'une ancienne splendeur, du temps où elle conduisait gravement, au Casino ou au Moulin,

en guidant ses pas, avec toute la solli-
citude d'une fille pour son arrière-
grand-père, un vieux « gaga » qui ne
devait pas, lui, la fatiguer beaucoup,
le pauvre bonhomme !

Francine, une brune, le plus souvent
teinte en blonde, bien charpentée, mais
encore un peu trop « province » ; brave
fille dans toute l'acception du mot, le
cœur même trop aimant, car, l'année
dernière, elle fut rattrapée au moment
où elle enjambait le parapet du pont
des Arts, par désespoir d'amour. Il y
a toujours des gens qui, heureusement,
se mêlent parfois des affaires des
autres...

Solia, bien qu'ayant un nom dont
se dégage un certain parfum .scandi-

nave, est tout modestement la fille d'un brave concierge de la capitale et, comme telle, ne peut se consoler d'avoir manqué le Conservatoire.

Brunette à figure mutine, Solia possède un corps digne de tenter le ciseau de nos jeunes Phidias de la Butte.

On juge de son succès lorsqu'elle vint, un soir, dans un bal masqué du Casino, revêtue d'une simple chemisette de soie rose, serrée à la taille par une ceinture... non de chasteté, s'entend !

Jeanne de Mons, a pris ce nom de guerre probablement en souvenir de ses premières armes qu'elle fit à Lesbos, en compagnie d'une jeune Belge, une de nos plus jolies minettes exotiques, maigriotte, assez insignifiante de figure ;

mais des yeux canailles qui ne demandent qu'un peu d'amour et d'argent en retour d'un déluge de folles caresses. Ajoutons que le sexe qui les lui loue lui est totalement indifférent.

Alexandrowna, celle-ci est une Russe authentique, ayant vu le jour sur les bords de la Néva. Complètement parisianisée, Alexandrowna est une petite femme qui, aujourd'hui, peut en remontrer aux plus rouées de ce bataillon où elle a conquis un avancement si rapide, au titre étranger, il est vrai !

Ayant conservé un accent exotique non exempt d'une certaine saveur, cette jeune Russe plaît beaucoup, grâce à son tempérament des plus volcaniques, ne rappelant en rien à ses clients les glaces de son pays natal.

Lucienne, très brune, profil grec, toilettes sombres et de bon goût, enfin, des airs de femme du monde. Se tient du reste très sérieusement dans son boxe, attendant l'arrivée d'un « ami » fortuné. Peu expansive, ne cherche pas à attirer l'attention sur ses faits et gestes. Comme elle doit avoir de bonnes raisons pour cela, nous nous garderons bien de soulever le voile de sa vie privée, notre rôle se bornant à dépeindre et non pas à approfondir...

Marthe, est reconnaissable surtout de dos au milieu duquel pend une large tresse de cheveux noirs qui lui descend beaucoup plus bas que la chute des reins.

Peu de femmes peuvent se vanter d'avoir d'aussi beaux cheveux, aussi

S IL EST EN BONNE FORTUNE..... (Page 84.)

est-elle très prisée des vieux « ramol-
lots » que la vue d'une pareille chevelure peut seule exciter, un tantinet !
Quoique jeune, elle n'est pas autrement
enivrante, ayant une dentition l'em-
pêchant d'abuser du sourire et même
de prononcer distinctement les décla-
rations d'usage à Paris-Cythère...

Si le « Moulin » a une fleuriste adu-
lée des habitués, Sarah, le « Casino »
a, lui aussi, *Rébecca,* sa sœur en Israël.

Toute jeune, assez jolie et remarquablement bien faite, celle-là est le
vrai type de la bouquetière opérant la
« bêtite gommerce » avec tous les artifices connus dans la profession, pour
caser une marchandise que l'on vend,
d'habitude, avec sa vertu...

Si elle entreprend un « gogo » seul,

elle vient avec un sourire provocant
lui offrir ses fleurs, se laisse, bien volontiers, faire une cour allant jusqu'à
un « pelotage » plus ou moins discret,
pour finalement lui faire payer cent
sous une rose qui en vaut deux. S'il est
en bonne fortune, elle vient offrir ses
fleurs à la dame et ce, avec une telle
bonne grâce — tout en faisant par-
dessus la tête d'icelle un peu d'œil à
son « caïd », — que celui-ci s'empresse
de les lui prendre.

Au Casino, elle a cru bon de
se proclamer émule de Jeanne d'Arc,
car c'est là un excellent moyen
de faire aller les naïfs, — et ils sont
nombreux ! — qui espèrent ferme-
ment vaincre un jour sa résistance
farouche en lui prenant force bouquets
à des prix fantastiques.

CASINO DE PARIS. — Le Salon Mauresque

Aussi Rébecca, qui tantôt travaille aux Folies-Bergère, tantôt au Casino, voire même, dans ses fugues, chez La Rue, fait-elle, à elle seule, plus d'affaires que toutes ses camarades réunies opérant sous la haute direction de *Céline*, la jolie bouquetière, concessionnaire du commerce des fleurs au Casino et aux Folies-Bergère.

Ajoutons que, pour se dédommager de tant de platonisme, Rébecca se rattrape, les jours de congés, dans les brasseries du quartier où étudiants, calicots et ouvreurs de portière se chargent de lui cultiver, au pouce et surtout à l'œil, son jardin d'orangers dont les « profanes » du Casino espèrent encore pouvoir cueillir les primeurs !

Vous plairait-il maintenant, cher lecteur, d'aller visiter le grand « Salon Mauresque » qui se trouve à l'entrée de la porte de la rue Blanche, et où d'excellents fauteuils vous tendent les bras pour vous reposer un instant?

C'est, d'ailleurs, dans une annexe de cette salle que se tient habituellement, le concert de la *belle Féridjée*, cette charmante Algérienne dont les grands yeux, naturellement bistrés, ont d'abord charmé les serpents, puis ensuite les hommes...

Là, encore, pour un étranger, appréciateur de la délicate beauté, n'y a-t-il pas un moment des plus suggestifs à passer?

Autour de ce « Salon Mauresque » ont été aménagés des *buen retiro,* où on peut, sans trop craindre les regards

indiscrets, discuter, entre deux coupes
de champagne, le *pretium stupri*. Ne
vous étonnez donc pas si, en passant,
vous entendez une conversation dans
le genre de celle-ci :

— Un louis ne te suffit pas ?

— Penses-tu que je marche pour ce
prix-là !

— Peut-être, madame a-t-elle l'espoir de faire, ici, un ambassadeur ?

— Mais, mon petit, ça ne serait pas
la première fois . . . .

Le Bal

Le concert est fini, l'orchestre de la danse attaque vigoureusement les premières mesures d'un quadrille d'Offenbach, faisons comme tout le monde, allons voir chahuter les célébrités chorégraphiques, parmi lesquelles *Grille-d'Égout, Rayon-d'Or,* la *Môme-Fromage, Demi-Siphon, Chahut-Kao, Nini Patte-en-l'Air* et ses élèves, forment les quadrilles à succès.

Grille-d'Égout est une étoile de première grandeur. Son nom a été long-

temps inséparable de celui de la *Goulue*
avec qui elle débuta et monta au Capi-
tole.

Pas jolie, avec ses dents de lapin qui
lui font une bouche disgracieuse,
Grille, aujourd'hui, se repose sur ses
lauriers. Légèrement engraissée, du
reste, elle danse plutôt qu'elle ne chahute, en faisant des petits pas, assez
gracieux mais peu fatigants.

Rayon-d'Or, dont l'abondante che-.
velure a, grâce au henné, de joyeux
tons de cuivre, danse le plus souvent
avec la *Sauterelle*.

C'est, également, une « ancienne »,
appréciée des habitués des bals-
concerts de Paris comme une classique qui, consciencieusement, lève la
jambe, fait le « grand écart » et exécute

la « cabriole » sans même froisser les plumes de son immense chapeau.

Si elle n'est plus de la première jeunesse, on ne peut nier qu'elle ne possède, en tant que danseuse, et du « chic » et du « chien ».

CARACTÉRISTIQUE : Toujours ornée de bijoux comme une véritable châsse.

La *Môme-Fromage* est une des anciennes gloires de l'Élysée-Montmartre, où elle débuta il y a une huitaine d'années.

Elle était vraiment amusante, à cette époque, dans son petit costume d'ouvrière en rupture d'aiguilles. On faisait déjà cercle autour d'elle, tant cette gamine de quatorze ans dansait avec grâce et coquetterie. Aujourd'hui, la Môme-Fromage a quelque peu

9

changé, ayant perdu en légèreté ce
qu'elle a gagné en graisse, et, très vrai-
semblablement, ne peut plus espérer
faire encore les délices de l'intrépide
Vide-Bouteille!

Demi-Siphon, comme la fourmi,
va faire des tournées dans les cafés-
concerts de province, lorsque le grenier
a besoin d'être approvisionné, et en
revient cigale, une fois l'escarcelle
pleine.

Microscopique, mais très bien faite,
elle était véritablement impayable lorsqu'elle faisait vis-à-vis à son amie la
Tour-Eiffel, entre les jambes de qui
elle passait sans se baisser.

La mort de sa compagne, fauchée
par la terrible phtisie qui chaque année
ouvre de si larges brèches dans les

rangs du bataillon des folles héroïnes du plaisir, avait laissé Demi-Siphon inconsolable et l'avait même quelque peu dégoûtée du « grand écart ».

Ses tournées dans les concerts de province, où elle chantait et dansait, tout à la fois, datent de cette époque.

Elle semble, enfin aujourd'hui, avoir rallié définitivement son port d'attache : le Casino de Paris.

Chahut-Kao, une des plus jolies chahuteuses de Paris, trouve le temps de sacrifier à toutes les déesses.

C'est une sentimentale, ne ressentant l'amour qu'avec son « amie », et ne le faisant qu'avec son « vieux ». Très fidèle dans ses affections et ses principes, mais d'une jalousie peu commune.

Dédaigne les hommages du sexe fort, se préoccupant davantage, lorsqu'elle danse, des faits et gestes de sa « petite femme » que des compliments qui lui sont adressés.

Pourtant elle les choisit généralement assez laides, ses « amies », pour n'avoir pas à craindre les enlèvements !

Nini Patte-en-l'Air
et ses élèves

~~~~~~

UNE ÉCOLE DE DANSE TRÈS " FIN DE SIÈCLE "

'EST au Casino de Paris que *Nini Patte-en-l'Air* et ses élèves ont acquis cette renommée universelle qui leur a fait contracter, par la suite, de brillants engagements chez les Yankee, si engoués de toutes excentricités.

Donnant la main à l'une de ses élèves de seconde année, *Nini* conduit son quadrille en veillant attentivement

aux moindres gestes et aux plus petits
pas de ses jeunes néophytes.

Chaque soirée dans un établissement
public est, pour ainsi dire, une répétition générale, à grand orchestre, des
poses et des figures enseignées à
« l'École ». Là, seulement, le profes-
seur peut juger des progrès accomplis
par ses élèves ; aussi faut-il voir, lorsqu'une d'entre elles a commis une
faute, de quelle façon, le quadrille
achevé, Nini lui en fait l'observa-
tion !

Il y va de l'honneur de la Maison de
ne pas se ridiculiser en public et elle
n'entend pas que l'on plaisante sur ce
chapitre !

Si Nini est fière de ses méthodes
d'enseignement, elle est encore plus
fière d'avoir fondé la première et, jus-

qu'ici, l'unique « Ecole du chahut » existant dans le monde entier.

C'est à « Bullier » que *Nini Patte-en-l'Air* fit ses débuts. Après bien des années passées à se perfectionner, elle finit par passer au rang d'étoile, dans le célèbre bal de la rive gauche.

Pas une chahuteuse ne lève la jambe, en se cabrant le torse en arrière, comme elle le fait. Pour exécuter un pareil mouvement il faut avoir une science accomplie du chahut, et c'est pour elle un juste sujet d'orgueil que d'être seule à pouvoir le faire.

Très travailleuse, ayant la bosse du professorat, Nini eut l'idée, il y a trois ou quatre ans, de former quelques élèves, afin de donner des quadrilles, bien payés, dans les grands bals et cafés-concerts de Paris.

L'*Étoile-Filante,* une des pensionnaires actuelles du Moulin-Rouge, fut
la première danseuse dont elle entreprit
l'éducation.

Lorsqu'elle commença l'enseignement de cet art auquel elle avait
voué son existence, elle n'avait qu'une
petite chambre, au quartier Pigalle,
bien modestement installée. A l'époque
de la réouverture du Casino de
Paris, où elle était engagée avec
quelques-unes de ses élèves dont le
nombre allait sans cesse en augmen-
tant, Nini arriva enfin à fonder définitivement l'Académie de ses rêves.

Ses appartements furent, dès lors,
assez vastes et assez confortablement
installés pour qu'elle pût donner, non
seulement des leçons à des femmes du
monde, mais encore faire exécuter des

quadrilles très suggestifs, devant de vieux amateurs privilégiés, ce qui n'était pas sans augmenter considérablement les ressources de son « casuel ».

Sachant combien il importe de commencer jeune dans l'art de la chorégraphie, c'est parmi les fillettes de Montmartre, de la Villette ou de Clignancourt, n'ayant pas encore quinze ans, qu'elle choisit ordinairement ses « petits rats ».

Elle les dote, tout d'abord, d'un surnom qui révèle chez la « mère des chahuteuses » un sérieux fond de lyrisme.

Si vous en doutez, oyez plutôt ceux de ses élèves les plus célèbres : *Émeraude, Brise-du-Soir, Sirène, La Fauvette, Églantine, La Gazelle, Gigolette, Saphir, Pigeonnette, Reine-*

des-Prés, *La Bretonne*, *Mimosa*, *Mouche-d'Or*, *Zizi*, etc.

Toutes ses élèves sont pensionnaires et couchent à « l'École » dans un dortoir très convenablement aménagé. Les permissions de nuit ne sont accordées que dans des cas extrêmement rares. Nini, en femme qui en connaît tout le prix, veille sur la vertu de ses « enfants » avec un soin des plus jaloux, à telle enseigne qu'un jour, pour en punir une de ses idées d'indépendance, elle lui coupa les cheveux, l'obligeant ainsi à rester l'ange du foyer !

Les élèves mangent à une table à part, la favorite, seule, ayant son couvert sur celle des maîtres de céans.

Mais c'est surtout dans la façon dont elle habille ses élèves à « l'École »

LE BRISEMENT

pendant les leçons auxquelles assistent les « amis » de la maison, que le lyrisme de Nini se montre dans toute sa pureté mythologique...

Afin d'être plus à l'aise, jupons et pantalons ne sont arborés, en effet, que lorsqu'elles étudient la façon d'exécuter les différentes poses du chahut, avec ces délicieux « impedimenta » dont il faut savoir savamment se servir pour rendre la danse plus excitante en ne permettant, tout comme dans « Miss Helyett », que la rapide vision d'admirables paysages...

Les *exercices préparatoires* auxquels sont d'abord astreintes les débutantes, les élèves de première année, consistent dans le *brisement* des ligaments du « bassin », afin de permettre aux compas des jambes de s'ouvrir jusqu'à

10.

ne plus former, comme dans le grand
écart, qu'une ligne droite, de sorte
qu'il faut opérer une véritable dislocation exigeant des efforts constants et
laborieux.

Pour commencer, la néophyte est
assise sur une chaise accotée le long du
mur, ou étendue par terre, sur le dos.
Nini lui prend la jambe et la lui
lève aussi haut que possible, en lui
recommandant de ne pas la plier. Petit
à petit, on arrive à lui faire prendre la
position verticale, non sans quelques
grimaces significatives de la part de
la patiente !

La Série

Puis on passe à la « série ».

Au commandement de : Allons...
Hop !

Deux élèves se tenant par la main, soit sur place, soit en marchant, lèvent en même temps la jambe en jetant la pointe du pied en avant.

Nini, le martinet à la main, compte les mesures : « Une, deux ! Une, deux ! Une, deux ! » s'écriant de temps à autre : « Ça ne vaut rien ! C'est mou ! Plus haut que ça... nom de Dieu !! »

Rien de plus amusant que de voir combien les débutantes suent sang et eau pour arriver à recueillir un témoignage de satisfaction de la part de leur maîtresse, — pour laquelle elles professent, en général, une véritable vénération.

« Avoir de la grâce en chahutant », tel est le précepte fondamental de l'École.

De la grâce ! toujours de la grâce !

répète Nini ; mais ce n'est pas sans peine qu'on y arrive. Il y a même des chahuteuses qui n'ont jamais pu la posséder ; aussi n'ont-elles fait que de mauvais sujets chorégraphiques, dignes à peine de quelques bals de barrière !

Dans la « série », lorsqu'on lève la jambe à la cadence de l'orchestre, soit sur place, soit en marchant, le jupon de dentelle délicatement relevé, entre le pouce et l'index, l'équilibre doit être constamment tenu sur un seul pied, celui de la jambe qui manœuvre touchant à peine le sol de sa pointe.

Le corps doit rester droit, sans être raide, la pointe du pied arrivant sans effort, au moins à la hauteur de l'œil, la jambe toujours très tendue.

LA GUITARE

Les danseuses s'appuient souvent sur le poing de leur cavalier, lorsqu'elles font le tour du cercle des spectateurs, en levant la jambe. Si elles dansent par deux, elles doivent porter toute leur attention à exécuter le mouvement avec un ensemble parfait.

Dès que l'élève fait bien la « série », elle est en état de se présenter en public ; elle sait lever la jambe et prendre *le bas de son jupon* avec grâce, sans se baisser, d'un petit coup de jambe nerveux.

Et ce n'est pas du jour au lendemain qu'on obtient de pareils résultats, car, au bout de trois ou quatre mois d'études assidues, l'élève est encore bien gauche et ses moindres mouvements trahissent des efforts, louables sans doute, mais qui ne devraient pas exister.

Avec un peu de patience et beaucoup de persévérance, une élève bien
douée arrive cependant, au bout de la
première année, à se tirer très convenablement d'affaire dans la plupart
des différentes poses classiques du
chahut, qui sont les suivantes : *la
Guitare, le Port d'armes, le Salut
militaire, la Jambe derrière la tête, le
Croisement* et *le Grand Écart.*

La Guitare

Pour jouer de la « guitare », la femme
élève une jambe, toujours rigide, jusqu'à ce qu'elle forme avec le torse un
angle presque droit. D'une main, elle
tient le bas de la jambe, comme si c'était
le fût d'une guitare, de l'autre elle simule
sur sa cuisse le grattement des cordes.

LE PORT D'ARMES

A la fin de la première figure du quadrille, c'est pour la danseuse une excellente pose, lui permettant de souffler quelque peu, tout en montrant aux spectateurs et son savoir-faire et une partie de ses charmes...

Toujours en équilibre sur un pied, lorsque la femme prend cette liberté d'allure qui fait, sur-le-champ, reconnaître « l'étoile », elle peut, sans efforts, tourner sur elle-même, afin de faire admirer son... instrument à tout le cercle des spectateurs qui l'entoure.

Le Port d'armes

Le compas à moitié ouvert pour la « guitare », il faut l'ouvrir tout en grand pour exécuter le « port d'armes ».

La femme prend son mollet à pleine main et maintient la jambe verticalement, de façon à ce que le tibia soit face à la figure. Beaucoup se contentent de porter la jambe vis-à-vis de l'épaule droite, le talon de la bottine solidement maintenu entre le pouce et les autres doigts de la main renversée.

La main gauche appuyée sur la hanche et maintenant la robe retroussée, la danseuse doit rester immobile, en équilibre, dans cette position très fatigante lorsqu'elle n'est pas encore rompue à ce genre d'exercice. Les volants des jupons, qui retombent en cascades le long de la jambe levée, laissent plutôt deviner qu'entrevoir ce qu'ils sont destinés à cacher aux regards indiscrets.

Lorsque le mouvement est exécuté

LE SALUT MILITAIRE

11.

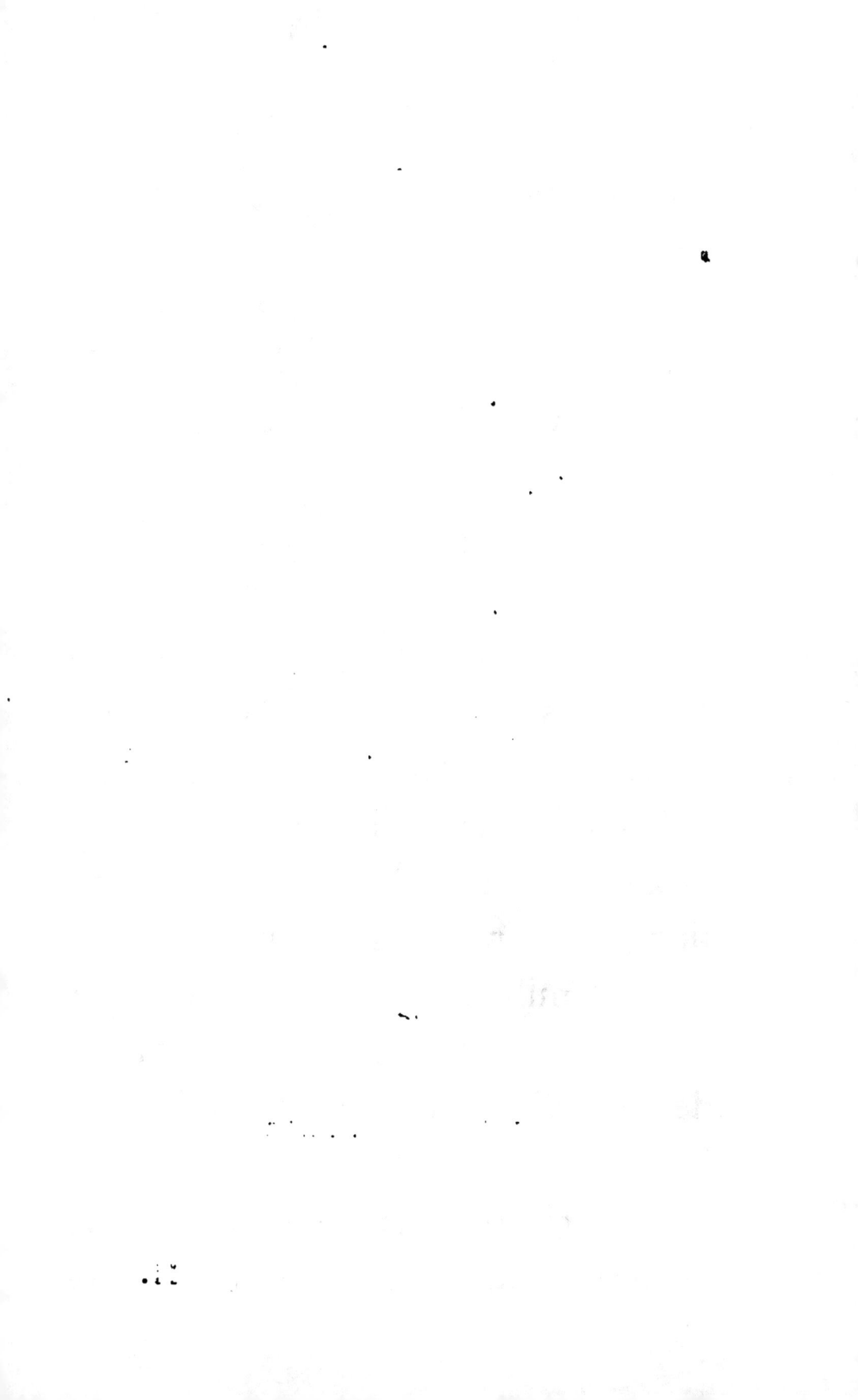

avec grâce et facilité, il est fort gracieux et provoque toujours les applaudissements du public; aussi les bonnes danseuses l'exécutent-elles généralement à la fin des premières figures.

Le Salut militaire

Une variante du « port d'armes » est le « salut militaire » qui se fait soit debout, soit assis.

La jambe levée vis-à-vis de l'épaule droite est maintenue dans cette position par le revers de la main qui fait le salut militaire.

Cette façon de saluer, digne de l'école de Joinville, n'a reçu d'application, jusqu'ici, que dans l'armée de Cythère.

Il est probable qu'il se passera encore quelque temps avant que nos conscrits se voient dans l'obligation de l'exécuter sur le terrain d'exercices, mais, le progrès aidant, qui peut répondre de l'avenir ?

La Jambe derrière la tête

Ce n'est plus de la danse, c'est de l'acrobatie pure. Faire passer sa jambe derrière la tête et la maintenir ainsi en passant simplement l'index dans le petit soulier découvert, n'est pas, en effet, une pose à la portée des débutantes. Les élèves de troisième année peuvent seules se la permettre, car on conçoit qu'on risque très bien de mesurer le parquet autrement qu'avec une ficelle, si on vient à manquer son coup !

Dire que c'est gracieux serait peut-être beaucoup dire, mais dans le « ca-

LA JAMBE DERRIÈRE LA TÊTE

valier seul », c'est un clou qui ne manque jamais son effet.

Chahut-Kao, Sirène et *La Bretonne* sont, sans contredit, celles qui exécutent le mieux cette pose difficile.

Le Croisement

A la fin des dernières figures, les danseuses lèvent la jambe droite à la hauteur de l'œil, en la maintenant de la main de façon à se croiser les pieds.

Rien de plus curieux que de voir ces petits pieds se chercher pour s'accrocher l'un à l'autre, afin de se prêter un mutuel appui.

Cette pose n'est pas incompatible avec l'accompagnement de la « guitare ».

Lorsque le quadrille se danse entre femmes, le croisement se fait quelquefois à quatre, donnant ainsi la vision d'une pyramide de jambes et de cuisses, voilée pudiquement par des nuages de dentelles retombant en flocons...

Le Grand Écart

Une chahuteuse qui ne sait pas faire le « grand écart » n'est pas digne de son nom. Pour l'exécuter, selon les règles de l'art, il faut que les deux jambes ne forment qu'une seule ligne droite. La femme repose alors son menton sur le poing fermé, le coude appuyé sur la cuisse.

Le grand écart se fait de différentes façons :

Par *glissement*, en laissant glisser tout doucement la jambe droite sur le talon. C'est la façon de procéder la plus facile.

LE GRAND ÉCART

En *sautant*, la femme relève ses jupons, fait un saut, écarte brusquement les jambes et retombe d'aplomb. L'écart est complètement terminé avant qu'elle ait touché le sol.

Certaines étoiles, *Rayon-d'Or* et *Sauterelle*, entre autres, exécutent aussi le grand écart à la fin du quadrille, soit en faisant le « saut de mouton » sur le dos d'une camarade, soit en faisant la « cabriole » et, ce, sans toucher le sol de la tête, ni froisser même les plumes de leur volumineux chapeau.

Inutile de dire que ces différents exercices du « grand écart » sont des plus pénibles pour les débutantes, et que beaucoup d'entre elles se ressentent longtemps des efforts qu'elles sont obligées d'accomplir pour les réussir.

Les élèves de Nini sont cependant de force à exécuter la plupart de ces poses lorsqu'elles quittent l'École avec leur brevet de capacité en poche.

Elles vont alors en province et à l'étranger représenter dignement l'académie de Nini Patte-en-l'Air et porter au loin sa renommée.

Toutes, d'ailleurs, sont fières de pouvoir s'en dire « ancienne élève », et s'enorgueillissent de l'éducation, achevée sous tous les rapports, qu'elles ont reçue pendant le temps passé à cette École très « fin de siècle » !

Le Moulin-Rouge

E tous les bals de Paris, le joyeux *Moulin-Rouge* est sans contredit un des plus curieux à connaître sous bien des rapports.

Cet établissement a été fondé en 1888 par Zidler qui dirigeait déjà le « Jardin de Paris », cet Eden ouvert seulement pendant la belle saison et où on retrouve, alors, la plupart des célébrités chorégraphiques et cythéréennes de la capitale, que nous faisons passer aujourd'hui devant les yeux de nos lecteurs.

Bien curieux ce type de directeur-impresario, mélange de Yankee et de Parisien pur sang, si bien dépeint par Zola.

Connaissant à fond les faiblesses de son temps et la façon de les exploiter avec art, Zidler restera comme le génie de la chorégraphie « fin de siècle » !

S'il a créé son « Moulin », il a su aussi le garnir d'une quantité de fillettes qui ont préféré lancer leur bonnet par-dessus que de continuer la dure vie de l'atelier...

Toujours en quête de futures étoiles de cette danse du « chahut » où s'illustrèrent *La Goulue, Grille-d'Égout* et *Nini Patte-en-l'Air,* on voyait, il y a peu de temps encore, le fondateur du Moulin-Rouge, là, près de son contrôle, surveillant les entrées des jolies néophytes auxquelles il faisait l'accueil le plus empressé, à l'encontre des vieilles gardes à qui il refusait, d'un ton bourru, leurs entrées de faveur.

Zidler connaissait son monde, et pour maintenir un ordre sévère dans son établissement, il fallait bien qu'il séparàt le bon grain de l'ivraie.

Vienne une bagarre, pareil à Jupin, il n'avait qu'à froncer les sourcils et tout rentrait sous terre! Chez lui, il ne tolérait pas de « potin », et si une querelle s'élevait, les délinquants, l'oreille basse, étaient conduits au bureau où

l'expulsion temporaire leur était ap-
pliquée comme premier rappel à l'ordre. Ah! si une pareille discipline était
exercée au Parlement, il est probable
que nos députés y feraient souvent,
eux, un peu moins de chahut!

. Au demeurant, Zidler était le meil-
leur garçon du monde, paternel avec
ses jolies danseuses aux folies des-
quelles il applaudissait toujours, il
préférait garder sa sévérité pour celles
qui ne lui paraissaient pas être le
plus bel ornement de son établissement.

Les journaux étaient sa seule bête
noire; aussi les arrosait-il de plus de
cent mille francs par an pour qu'ils
se contentassent de ne pas s'occuper
de lui, sans pour cela leur en devoir
d'obligations...

MOULIN-ROUGE. — Entrée du Hall.

Aujourd'hui, Zidler se repose sur ses lauriers, ayant passé la main à M. Oller, le sympathique directeur d'*Olympia* et du *Jardin de Paris*. Souhaitons à ce dernier d'avoir l'activité, l'énergie, l'esprit d'organisation, enfin l'ascendant que son prédécesseur savait prendre sur un personnel si disparate et si difficile à tenir en main.

Tous les soirs, il y a d'abord « concert » au Moulin jusqu'à dix heures. Après, le bal dure jusqu'à minuit et demi ; le mercredi et le samedi, les jours de grandes fêtes, jusqu'à une heure du matin.

Le concert se donne, l'été, dans le « Jardin » où une piste pour courses à ânes a été réservée, et au milieu duquel s'élève le colossal éléphant du « Palais

13

des Fées », de l'Exposition universelle.
L'hiver, il a lieu dans la salle de bal, où
toutes les célébrités de la chorégraphie
décadente esquissent, ensuite, les entrechats les plus risqués. L'art de lever la
jambe s'y exerce, en effet, dans toute
sa liberté d'action et, ce, devant le
garde municipal impassible qui, souvent même, se croit obligé d'user du
prestige de son uniforme pour maintenir le cercle des curieux à distance.

Et lorsque ce sont des jolies femmes
qui chahutent, Dieu sait si le cercle
tend à se resserrer, afin que chacun
puisse jeter un regard indiscret sur les
dessous transparents et suggestifs !

C'est alors qu'on voit si vraiment elles sont blondes ou brunes, ces
filles d'Èves qui, tout comme bien
des femmes du monde, ont la stupide

MOULIN-ROUGE. — Chahut !...

manie de se colorer les cheveux avec des mixtures leur donnant des tons invraisemblables !

Les vieilles Anglaises et les jeunes misses emmitouflées de chaudes fourrures en plein été, et qui toujours sont au premier rang, afin de mieux constater l'immoralité de la danse française, se voilent la face, quand c'est fini, et font alors entendre des *shocking* très convenablement indignés...

Le Moulin-Rouge est devenu aujourd'hui le véritable « Sanctuaire » de l'art du chahut. C'est là, en effet, que viennent exercer leurs talents les chahuteuses de cette école naturaliste dont *La Goulue* est un des plus beaux produits et qui, pour la plupart, ont fait leurs premiers débuts à l'école de *Nini Patte-en-l'Air*.

13.

Celles-ci forment un corps de ballet très respectable, sinon très respecté, bien que certaines d'entre elles aient eu l'insigne honneur de recevoir les félicitations de Grands-ducs et d'Altesses royales !

En véritables androgynes, chacune a sa « femme », sa « gousse », le danseur attitré n'étant, au Moulin, qu'un accessoire figuratif, ne comptant que comme protecteur ou, lorsqu'il est joli garçon et imberbe, comme associé...

Dans ce dernier cas, chacun travaille de son côté ; le matin, on réunit la recette et on déjeune gaiement en se contant ses tribulations nocturnes ; mais si les affaires n'ont pas marché, on échange force horions, la femme recevant, alors, la plus grosse part !

Quant à l'amie, elle est « tabou »,
on ne doit pas y toucher : celle qui
entretient l'autre, avec l'argent de ses
vieux, n'entend pas être trompée !
Malheur à la femme ou au « gigolo »
qui essayerait de la lui enlever...
Lesbos veille sur ses amours avec un
soin jaloux !

Toutes ces filles, blasées de bonne
heure sur les vrais plaisirs de l'amour,
et qui cherchent encore quelques sensations dans les pratiques contre nature,
sont d'une jalousie féroce entre elles ;
souvent, les comptes se règlent
en furieux crépages de chignons, parfois même, à la sortie, à coups de
stylet...

La reine des chahuteuses naturalistes
est sans contestation : *La Goulue,* le
joyau du « Moulin », l'enfant chéri de

la maison. Bien que n'ayant plus la
fraîcheur de la première jeunesse,
cette fille, taillée pour la noce de bas-
tringues, a encore de beaux restes. Pas
une ne lève la jambe, qu'elle a d'ailleurs admirablement faite, ni retrousse
jusqu'au nombril ses dessous de tulle
si coquets, avec autant de grâce en-
fantine...

Les excentricités les plus érotiques
lui sont permises en vertu de cet
adage : « Ne touchez pas à la reine ! »

Aux accords d'un quadrille éche-
velé, faisant vis-à-vis à *Charlot* ou à
Valentin le Désossé (une célébrité du
Moulin), on sent qu'elle nage dans
son élément; son œil brille, ses na-
rines se dilatent, un sourire de bac-
chante retrousse ses lèvres qui n'ont
jamais eu de frémissements impudi-

ques que pour son « amie » ou pour son « gigolo ».

Elle aurait pu suivre quelque Anglais excentrique, enthousiaste de ses charmes et se faire couvrir d'or. Elle a préféré — en cela peut-être a-t-elle été sage — conserver sa joyeuse indépendance, en régnant sur son peuple de filles de joie et de chevaliers de la rouflaquette, ses copains d'enfance !

Se souciant peu des sévères règles de l'art, La Goulue, comme chahuteuse, se pose en excentrique, allant de la chorégraphie classique à la danse du ventre. Son genre, des plus naturalistes, admet toutes les compromissions, du moment qu'elles sont exécutées avec grâce ; aussi n'a-t-elle pu faire que de rares émules pouvant, il est vrai, rivaliser avantageusement avec les élèves de Nini Patte-en-l'Air, imbues de principes qu'elle trouve par trop académiques...

Citons encore, au nombre des danseuses attitrées du Moulin :

La Glu, une chahuteuse célèbre, mais qui n'est plus aujourd'hui qu'un pâle reflet de ce qu'elle était il y a quinze ans, à l'époque de ses premiers succès à l'Élysée-Montmartre. C'est alors qu'un Anglais, captivé par les charmes de ses mollets, l'enleva et lui offrit à Londres un petit hôtel, avec chevaux et voitures.

Mais les brouillards de la Tamise la prenant à la gorge, La Glu se déglua de son Anglais et revint bride abattue combler à l'Élysée-Mont-

martre le vide immense que sa fugue avait produit dans les rangs de ses folles compagnes.

Georgette Macarona, la *Tonkinoise* et la *Môme-Cri-Cri*, « Sainte-Trinité du Chahut », sont des sœurs qui toutes semblent avoir eu pour père un habitant du Céleste-Empire. Il n'en est rien cependant, car l'auteur de leurs jours est un honnête marchand de volailles du boulevard Montparnasse, qui jamais n'aurait pensé que ses trois filles, par leurs « écarts », jetteraient sur sa famille un triple rayon de gloire ! Georgette Macarona débuta du temps de La Glu à l'Élysée-Montmartre ; ses cadettes marchèrent bientôt sur ses traces, ayant appris de bonne heure dans la boutique de leur papa à

14

plumer les pigeons. Elles ne sont jolies ni les unes ni les autres, mais possèdent au plus haut degré ce bagout des gavroches de Paris, qui n'est pas sans un certain pittoresque et qui fait toujours le ravissement des Parisiens et l'ahurissement des provinciaux récemment débarqués.

Reine-des-Prés, ancienne élève de Nini, est le type voyou dans toute sa pureté. Une mine toujours réjouie, heureuse de vivre, de danser; un sujet d'avenir pour l'école naturaliste; enfin, très goûtée des amateurs de beauté plastique.

Quoique n'ayant que dix-huit ans, elle est déjà femme; jambes faites au tour, cuisses bien en chair, elle le sait, et pour qu'on ne puisse pas supposer

que tout cela est faux, après avoir
dansé le pas de la « grenouille en
délire », elle retrousse ses jupes par-
dessus la tête et tape sur ses fesses,
— toujours à l'instar de La Goulue, —
dans la louable intention de con-
vaincre les plus sceptiques !

Une de ses amusantes spécialités
est le *coup du chapeau*. Lorsqu'elle
fait avec sa jambe droite le « port
d'arme » devant le nez d'un vieux
monsieur, elle lui fait pirouetter en l'air
son chapeau, en appuyant prestement
l'extrémité de son pied sur le bord
dudit couvre-chef.

On voit d'ici la tête que fait le
bonhomme !

La Sauterelle, encore une célébrité du
chahut, danse le plus souvent avec

14.

Rayon-d'Or, lorsqu'elle est engagée dans le même établissement. Grande, très maigre, assez jolie, quoique ayant les traits et le regard durs; elle justifie son surnom par sa manière de danser. Toujours en mouvement, traînant à sa remorque son danseur attitré, compagnon fidèle de ses tribulations, elle passe et repasse, fait dix fois le tour de la salle en deux minutes, sautillant comme l'insecte ravageur. C'est une « classique » dans toute l'acception du mot.

Gervaise, dite la « Môme-Tata », plastron, cravate et chapeau d'homme, le tout servant d'enseigne à la boutique. Jeune, jolie et pas mal faite, Gervaise est très drôle, au premier abord, avec son ton et ses manières de gamin des

faubourgs. Chez elle, tout respire « l'as-
sommoir » ; d'ailleurs ses premiers
amants n'ont pas eu une destinée plus
heureuse que Coupeau. Il y en a
même un qui a perdu la tête dans une
partie qu'il fit avec Deibler. C'est
peut-être cela qui l'avait dégoûtée
quelque temps des hommes...

Ses armes sont :

*« Un cœur transpercé d'un poignard,
sur champ de navets. »*

Margot, type d'Espagnole bon teint,
fait généralement vis-à-vis à quelque
novice dont toute l'ambition consiste
à égaler un jour ses aînées dans leurs
« grands écarts ».

Margot peut enseigner son art, car
elle le connaît sur le bout... des pieds,
et tiendrait convenablement un rôle

de coryphée dans un ballet d'opéra.
Très inconstante, voguant sans cesse
de Cythère à Lesbos, est continuelle-
ment à la recherche d'une nouvelle
conquête. Dieu ! ce qu'elle en fait une
consommation, sans en avoir l'air !

L'*Étoile-Filante*, fut la première
élève de Nini Patte-en-l'Air. Assez
jolie de figure, est devenue aujourd'hui
un peu trop grosse pour chahuter avec
la légèreté qui, autrefois, cadrait si
bien avec son nom. L'Étoile s'est méta-
morphosée en pleine lune, ce qui n'est
pas, d'ailleurs, sans lui procurer du
succès auprès des astronomes amoureux de cet astre...

Chahute encore, hâtons-nous de le
dire, avec une science révélant chez
elle les excellents principes de

« l'École » dont elle restera une des gloires.

Mélinite, une folle qui danse toujours seule, en s'admirant dans la grande glace située en dessous de l'orchestre ; ses jambes, une vraie paire de pincettes, se balancent en tire-bouchonnant de droite et de gauche et vont se fourrer, à chaque instant, dans celles des braves provinciaux ahuris, assez imprudents pour l'approcher de trop près.

La *Môme-Comète,* une dernière venue, qui a fait parler d'elle dans les journaux s'occupant spécialement des faits et gestes de ces dames. Son nom viendrait-il d'un appendice bizarre. dont la nature l'aurait dotée ?

Tête-de-Mort, c'est le nom de cette grande brune qui danse généralement seule, aussi, afin de faire plus d'effet...

Il suffit amplement à peindre la femme !

Serpolette, probablement ainsi nommée parce qu'elle nourrit les lapins qu'on lui pose...

Chochotte, une fillette, dix-huit ans et pas de corset ; danse comme une vraie petite pensionnaire échappée de la laïque. Celle-là est encore une fidèle du « Moulin », quoique étant un peu de toutes les fêtes présidées par la Folie.

Très drôle dans son genre, toujours en belle humeur, danse par accès et pour son bon plaisir. Ne manque pas un bal de l'Opéra où elle paraît s'en donner à cœur joie, aussi bien dans la salle de danse que dans les loges dont les divans n'ont plus de mystères pour elle !

Fin-de-Siècle, une débutante et une des plus jolies chahuteuses du Moulin. Très beau brin de fille, à la figure avenante et fraîche comme un bouton de rose. Danse autant par amusement que pour remplir les obligations de son engagement. Passera du quart dans le demi-monde, si elle a la veine d'être sérieusement lancée par un « spécialiste » ayant foi en son étoile.

Lucie, petite figure régulière et malicieuse, pas très grande de corps, mais ayant une poitrine de dix-sept ans qui sait se tenir... en société. Quoique

très diable, n'aime pas à chahuter,
se contentant de faire la valse. A l'ambition de devenir cabotine, ce qui
lui permettrait de faire des tournées
dans les villes de garnison et de satisfaire ainsi ses goûts pour la garance.

Signe particulier : N'en a pas...

Pigeonnette, une autre « gosse » plus
drôle que jolie, à peine âgée de seize
ans, marche dignement déjà sur les
traces de ses aînées, étoiles du chahut.

Passants ! vous reverrez, sans vous
en douter, au « Salon », son corps
superbe d'ange déchu, taillé dans le
marbre ; Pigeonnette est, en effet,
comme quelques-unes de ses camarades, modèle à ses moments perdus,
et elle a pu inspirer le ciseau de plus
d'un statuaire en renom.

Bleuette, toute jeune également, l'air « vadrouille », chahute avec plus de bonne volonté que de principes. A besoin encore d'un long stage avant de pouvoir briller comme étoile.

Danse généralement avec son amie « Fin-de-Siècle » avec qui, à la sortie, elle va folâtrer dans les boîtes de Montmartre où les « aminch's » tiennent leurs assises, en attendant qu'à leur tour, celles-ci les tiennent !

En dehors des chahuteuses, nous devons citer parmi les fidèles et intéressantes habituées du Moulin :

La jolie *Alda*, une tête de brune aussi ravissante qu'expressive. Avec son profil à la grecque, ses grands yeux noirs fendus en amande, sa mine

15.

d'enfant gâtée, elle a de quoi inspirer le pinceau d'un Greuze.

Lorsqu'elle chahutait avec ses amies *Andrée* et *Nelly*, on quittait « La Goulue » pour venir admirer Alda, qui, en levant la jambe, montrait des pantalons transparents de dentelle noire, faisant lascivement ressortir la blancheur de sa peau.

Ses allures déhanchées, qu'elle a d'ailleurs fidèlement conservées, l'avaient fait alors surnommer « la Chaloupe ».

Alda, quoique restée fidèle au « Moulin », est sérieuse aujourd'hui, ayant définitivement rompu avec Terpsichore du jour où elle s'est laissé embarquer pour Lesbos par une esmme dont le seul mérite est de lu ervir de... contraste !

Pleurez mes yeux ! Pleurez !...

Mère à seize ans, Alda a une gamine de trois ans, sa poupée chérie, très avancée pour son âge.

Qu'on en juge plutôt : Une fois sa mère lui présente un « ami ». La petite le considère attentivement, puis s'écrie :

— Dis donc, maman, où que t'as dégoté ce papa-là ? Il n'a rien l'air mouche ...

Enfant terrible !

Jeanne Dumontier, vient passer la soirée au bal, pour se reposer, en valsant, des fatigues de l'atelier de Roll où le jour elle va poser comme modèle... non de vertu s'entend !

Admirablement faite, Jeanne a débuté à seize ans comme modèle et depuis, chose rare, n'a jamais manqué un matin d'être fidèle à son maître. Bien peu de femmes, surtout celles qui, comme Jeanne, peuvent poser pour l'« ensemble », ont autant qu'elle l'amour du métier. Quoique d'une santé fort compromise, ses nuits blanches — et, Dieu sait si elle en passe ! — ne l'empêchent pas d'être à l'atelier dès huit heures du matin ; aussi, grâce à cette exactitude des plus méritoires et qui permet au maître de terminer ses œuvres, peut-elle à bon droit revendiquer une part de ses lauriers.

Ses bonnes petites amies trouvent même qu'elle *pose* trop... Pourtant puisque c'est son métier ?

Miss Lili, ravissante poupée désarticulée, une gymnasiarque qui, dans les cirques de Paris et les cafés-

concerts de province, a eu ses heures
de succès ; bon camarade et tout à la
bonne franquette, aime beaucoup à
s'amuser et encore plus son métier qui
lui rapporte de quoi vivre libre et
indépendante. A remporté un prix
d'honneur à la redoute du *Courrier
Français* de 1892, où elle était une
des duellistes représentant le fameux
tableau du « duel de femmes » de
Bayard, popularisé par la gravure.

Nue jusqu'à la ceinture, sa magnifique poitrine d'airain fut pour elle un
plastron suffisant à opposer aux coups
de bouton de son adversaire.

Quoique souvent sans engagements,
travaille tous les matins, chez elle, à
faire des haltères et de la barre fixe sur
laquelle elle est, il faut le reconnaître,
de première force...

Julia, petite, mais faite au moule, figure de madone agrémentée de beaux cheveux châtain foncé.

A été une des meilleures écuyères de l'Hippodrome et attend pour travailler que cet établissement renaisse de ses cendres. Est venue au Moulin du jour où son inséparable, la belle de Ligny, a eu un engagement au « concert ».

Se laissent, toutes deux, de temps à autre, entraîner à faire la noce, mais seulement avec des gens « chics ».

Ont un faible pour les journalistes et les officiers ; « plume et épée », telles sont, en effet, les armes avec lesquelles ce joli petit attelage riposte aux flèches de Cupidon.

Caractéristique : Chose unique dans les annales de Cythère, ne sont

pas jalouses l'une de l'autre, partageant, en sœurs, la bonne et la mauvaise
fortune, mettant enfin tout en commun, leur bourse et leur... amant.

L'heureux mortel qui a la chance
d'être le « chéri » de l'une, ayant,
ipso facto, celle d'être l' « adoré »
de l'autre, peut ainsi s'offrir, à bon
marché, les délices d'une touchante
triologie de l'amour!

Marcel d'Arnay, gentille figure
rieuse, encadrée de fins cheveux on-
dulés qui lui font une auréole de
rayons d'or; de bonne tenue et assez
drôle dans son genre, c'est une des
jeunes recrues les plus cotées du Tout
Paris-Cythère.

A commencé par travailler dans les
modes, puis, plantant là capotes, fleurs

et plumes, à la suite de querelles intes-
tines avec sa belle-mère, — une mégère
qui lui en faisait voir de toutes les couleurs, — se laissa tenter par les offres
d'un statuaire en renom, à la recherche
d'un modèle extra, pouvant poser pour
l'ensemble académique.

D'une constitution robuste, elle par-
vient à mener de front les exigences de
son métier avec celles de son tempérament. Il est vrai qu'elle est en train,
comme on dit vulgairement, de « jeter
sa gourme », étant dans toute l'ardeur
juvénile de ses dix-sept printemps...

Peut-être la verrons-nous avant peu
briller sur les planches, car elle a l'idée
de faire son chemin, et sait parfaitement que le théâtre, aujourd'hui, est
un excellent marchepied pour se créer
une « situation ».

Yvonne Belfès, sa camarade d'atelier, pose seulement pour le torse qu'elle a fort bien tourné. Traits réguliers, assez amusante, un vrai gavroche de ton et de manières.

A débuté, elle aussi, dans les modes, et n'en a retenu que son habileté à friser les plumes, ce qui lui permet d'augmenter ses modestes émoluments de modèle ordinaire...

La Souris, dix-neuf ans, des seins d'ivoire ; tête de brune assez fine, avec de petits yeux effrontés rappelant ceux de l'animal qui, au « Moulin », lui a servi de parrain. Était, autrefois, une chahuteuse endiablée, mais depuis certains démêlés avec dame Thémis, a renoncé à la chorégraphie, se contentant de vivre sérieuse et tranquille,

16

avec la commandite de généreux amis.

Turquia, a été un des plus remarquables sujets du « Concert Oriental » du Moulin. C'est la première danseuse du ventre qui soit allée faire connaître en Russie les beautés de cette chorégraphie franco-turque. Son voyage à travers le pays des roubles n'a été qu'une suite de triomphes dont, malheureusement pour elle, son impresario a presque seul récolté les bénéfices.

CARACTÉRISTIQUE : A pris tellement le goût de l'orientalisme qu'elle a transformé sa chambre en une sorte de gourbi, à la porte duquel un magnifique Arabe monte, nuit et jour, une garde sévère mais juste...

Berthe Rabut, tête et tenue d'une femme du monde, vient le mercredi et le samedi faire un tour au Moulin pour y retrouver d'anciens amis qui l'ont connue au temps de sa splendeur.

Berthe avait décroché, en débutant, les faveurs de la Fortune, mais malgré son esprit pratique, elle ne put l'enchaîner assez solidement pour être à tout jamais à l'abri de ses caprices. Une bonne partie de son splendide mobilier et de ses bijoux, — dont elle conserve encore, comme fétiche, une superbe étoile en diamants — furent offerts en holocauste à l'inconstante déesse, Mᵉ Lehideux officiant...

Elle fit même plus : renonçant pendant un an à Satan, à ses pompes et à ses œuvres, elle gagna honnêtement sa vie en prenant la gérance d'un bureau de tabac. Ce genre de commerce n'ayant pas réussi à la réconcilier avec la Fortune, elle reprit le chemin de Cythère, après avoir gagné en philosophie ce qu'elle avait perdu en illusions.

Valentine Ponsard, charmante et sympathique figure, de beaux cheveux châtain clair dont les boucles soyeuses retombent en désordre sur le front. Vient de lâcher la couture dans l'espérance de trouver à Cythère un travail moins fatigant et plus rémunérateur.

Semble au « Moulin » être très gênée de ce qu'elle voit et de ce qu'elle entend. Voudrait bien n'y venir qu'en amateur, afin de satisfaire plutôt sa curiosité de fille d'Eve que celle des aspirants à son pauvre petit cœur !

A fait son premier faux pas au « Pôle-Nord », ce qui semblerait donner raison au proverbe hébraïque : « On ne doit pas *patiner* avec l'amour ! »

Marie Pascaux, dix-neuf ans, traits réguliers, l'air sérieux et canaille tout à la fois, un buste à faire le bonheur d'un artiste. Passe ses soirées avec son amie *Simone de Velna*, tantôt au Moulin-Rouge, tantôt au Casino de Paris, selon qu'elles ont envie de s'amuser ou de travailler. C'est généralement à la première partie du programme qu'elles sacrifient leur temps, et s'en donnent alors, croyez-le, pour leur argent ! Légèrement « émues », elles rient, pleurent, crient, s'embrassent ou se disputent sans se préoccuper autrement de ceux que leurs folies pourraient gêner. Au reste, il n'y a que des grincheux qui se fàcheraient de tant de liberté, et ceux-là, heureusement, sont rares au Moulin !

La grosse *Nelly*, s'amène sur le coup de dix heures, non pour danser, mais pour organiser des « parties à trois ». A toujours « une amie » pour faire le jeu, le client se contentant de marquer les points...

A horreur des hommes, ne peut supporter que son « amant » pour qui, en revanche, elle a, dit-elle, une véritable « adulation » (*sic*). Elle tient à lui rester fidèle, à sa manière, envers et contre tous !

Léa n'a pas été séduite par le Casino de Paris ; elle lui préfère son Moulin où, selon son expression topique : « on rigole plus à l'aise ». Taille de guêpe et gorge opulente, c'est une des habituées les plus élégantes de cet établissement. Tout en elle dénote la fille passionnée pour les joies de Cythère. Aussi a-t-elle rarement officié à Lesbos, où elle ne peut recueillir que des plaisirs trop incomplets...

Marguerite, jeune débutante, joli profil, cheveux magnifiques, ignore l'usage des corsets. Quoique ayant l'air un peu sauvage, s'apprivoise cependant bien vite lorsqu'elle est avec de gais compagnons. C'est une raffinée en amour, et qui attend, avec une impatience non dissimulée, que la veine veuille bien couronner ses efforts. Elle a d'ailleurs assez bonne opinion de ses talents pour ne pas désespérer de finir par captiver, soit au Moulin, soit aux Folies-Bergère, un Brésilien de bonne marque.

CARACTÉRISTIQUE : A un faible pour le poisson ; cette passion finira, à la fin, par la ruiner !

Bertha, très brune, dix-sept ans, une « bleue » du bataillon. Cheveux toujours peignés à « la vierge » ; à ses regards craintifs, on voit que c'est une novice peu habituée aux tribulations de la vie galante. Il n'y a que six mois, en effet, qu'elle a lâché, à Bruxelles, sa famille, qui peut être sûre d'attendre longtemps le retour de l'enfant prodigue... de sa vertu !

Belle fille et brave cœur, il serait malheureux qu'elle ne trouvât pas, dans les jardins de Cythère, plus de roses que d'épines.

Marie Graffe, vingt ans, assez jolie brune, a du succès auprès de ceux qui aiment à jongler avec les os.

A débuté écuyère au « Nouveau-Cirque », mais s'est à la fin dégoûtée d'un établissement où ses talents, mis à contribution par l'administration tout entière, étaient, prétend-elle, insuffisamment récompensés...

Est devenue une fidèle du lieu ; chaque soir, en effet, on peut l'y voir, généralement en « gaieté », batifoler, valser ou chahuter, afin de calmer ses nerfs en perpétuelle agitation.

Léo Mériane et *Angèle Dubos*, — encore un petit ménage, — ont voulu recueillir, au bal du *Fin de Siècle*, une part des lauriers de Manon, en se mettant dans un dévêtu pouvant, comme simplicité mythologique, absolument rivaliser avec le sien.

Toutefois, nous devons avouer, pour rendre hommage à la Vérité, dont elles avaient emprunté le costume, que le coup d'œil était moins suggestif, au moins en ce qui concernait Angèle, qui, avec ses « œufs sur le plat », aurait mieux fait de se montrer à l'Exposition culinaire !

Léo, par contre, eut un certain succès, étant suffisamment bien faite pour se permettre, en pareille circonstance, d'imiter les modèles-femmes en quête de travail. On sait que tout leur boniment, lorsqu'elles se présentent dans un atelier, consiste à se mettre

entièrement nues, et à prendre devant
l'assistance des poses académiques
ayant pour toute signification : « Admi-
rez et prenez-moi ! »

Madeleine-Bastille, fait maintenant
partie de la réserve de l'armée ter-
ritoriale.

Ne cherche plus des ans à réparer
l'irréparable outrage. Vient au Moulin
uniquement dans le but de se livrer à
des études comparatives avec le bon
vieux temps. Tout le monde à Paris
la connaît, car elle a gagné ses grades
sur ce champ de bataille commençant
à la Madeleine et finissant à la colonne
de Juillet.

Jouit, à présent, d'une paisible
retraite, ayant amassé ni plus ni moins
qu'une trentaine de mille livres de

rente, à se livrer aux divers métiers que la police tolère, mais que la morale réprouve.

On voit que c'est une travailleuse, une femme d'ordre et d'économie, exemple vivant de ce proverbe bien français : « La vertu est toujours récompensée... »

Nous ne savons pas si, durant les trente-cinq ans qu'elle a foulé l'asphalte entre la Madeleine et la Bastille, elle a eu à faire à autant de voyageurs qu'un omnibus de cette même ligne, mais ce dont nous sommes certain, c'est que le total de ses recettes a été au moins égal, sinon supérieur, à celui d'un de ces véhicules.

Il y a là, d'ailleurs, pour les statisticiens de la ligue de MM. Jules Simon, Bérenger et Cie, d'intéressants et d'instructifs calculs comparatifs à faire...

Adèle Sanglier, n'a pas manqué un soir le Moulin depuis son ouverture. Assez jolie, bien en chair, cette fidèle habituée sait plaire autant par son excellente tenue que par son caractère des plus sociables. Beaucoup de ses amies en abusent même pour lui jouer, sûres qu'elle ne s'en fâchera pas, des farces le plus souvent de fort mauvais goût.

Ajoutons que son nom lui vient probablement de sa passion pour les truffes, car sa tête ne ressemble en rien à celle de l'hôte de nos forêts des Ardennes.

Berthe d'Arçonval, une brune à la peau quelque peu cuivrée. A une tête très expressive, rappelant celle de ces jolies petites Japonaises de fantaisie que Louise Abbema sait si gentiment peindre sur ses éventails. Fait, depuis six ans environ, la noce d'une façon quasi mathématique, tout étant réglé dans son existence, le travail comme les plaisirs.

CARACTÉRISTIQUE : Paresseusement sensuelle, se contente volontiers, en amour, de jouer le rôle passif...

Blanche, une ancienne « danseuse du ventre » qui s'est, par la suite, lancée dans le concert ; maigriotte, cheveux ébouriffés et crépus, comme les créoles dont elle a un peu le type.

A toujours eu un faible pour la race noire, qu'elle proclame infiniment supérieure à la race blanche sous le rapport du développement du système musculaire.

Aprèsça, des goûts et descouleurs...!

Ne laissons pas passer la blonde *Sarah*, la jolie bouquetière, sans lui prendre une fleur. Comment d'ailleurs résister à son sourire si gracieux et à ses yeux si troublants ?

Fille d'Israël — toutes les bouquetières le sont ou doivent l'être, — Sarah est certainement une des plus belles perles de cet écrin de gentilles fillettes que Zidler, en vieux connaisseur, avait collectionnées dans son Moulin.

Aussi est-ce à qui lui achètera, pour un sourire, ses roses et son lilas.

Les vieux messieurs préfèrent lui
acheter sa fleur d'oranger, dont elle
a, heureusement, une provision iné-
puisable. C'est plus cher, évidemment,
mais la belle marchandise ne doit pas
avoir de prix pour un amateur !

Dirigeons-nous maintenant vers ce
coin d'où partent de joyeux applaudissements.

Parbleu ! ce sont des danseurs atti-
trés de ces dames : *Le Dos* et *l'Enfilé*,
qui se donnent un moment de bon
temps et amusent la galerie en faisant
vis-à-vis à des jeunesses de la banlieue
égarées dans la maison.

C'est à qui leur fera faire des figures
aussi invraisemblables que peu décen-
tes. Persuadées que c'est bien la façon
de danser le quadrille, dans ce bal où

elles viennent pour la première fois, elles ne veulent pas avoir l'air de s'en effaroucher et marchent de tout cœur... La plaisanterie dure jusqu'à ce qu'un inspecteur vienne au secours des malheureuses, ce qui, souvent encore, a le don de leur déplaire, car elles sont longtemps avant de comprendre l'opportunité d'une intervention qui vient interrompre le cours de leurs succès !

Si le dimanche le *Moulin-Rouge*, qui a complètement détrôné le *Moulin de la Galette*, est devenu le rendez-vous des grisettes de la Butte, les autres jours de la semaine, c'est aussi un des bals-concerts où règne la plus franche gaieté et où l'on peut encore rencontrer de gentilles fillettes, quelques frais modèles, venues dans l'intention de s'amuser et non de raccrocher un « miché » plus ou moins sérieux !

Le mercredi et le samedi principalement, les horizontales de haute marque, les habituées du Casino de Paris, ne dédaignent pas non plus de venir se retremper dans cette atmosphère qui respire la virginité du vice, et dans laquelle se sont écoulés les meilleurs jours de leur enfance.

Ah ! qu'il est loin ce temps où, sans soucis du lendemain, elles s'échappaient le soir de la maison paternelle pour venir esquisser au *Moulin* quelques timides entrechats avec Polyte, l'ami du « frangin » ! Pour une danse au son du trop bruyant orchestre de Mabille, on peut bien risquer d'en recevoir une autre au son du martinet !

Cela dure jusqu'au jour où. plantant

C'EST UN DISCIPLE DU JOYEUX CURÉ DE MEUDON... (Page 201.)

là parents et patrons, on se décide à passer avec armes, mais sans bagages, dans le bataillon de Cythère...

O Terpsichore, quel pacte as-tu fait avec Satan pour lui fournir tant de vierges folles ?

Pourtant les bons conseils ne doivent pas leur manquer, à ces débutantes. Regardez dans ce coin, à droite, assis auprès d'une table surchargée de menthes vertes, ce brave homme, à la face rubiconde, à l'air bon enfant, en train de lutiner deux jolies fillettes, dont l'une s'amuse à passer sa jambe par-dessus sa tête, en riant aux éclats ; tout de noir habillé, sa tournure plutôt que sa tonsure, qu'il dissimule le mieux possible, le trahit. C'est un disciple du joyeux curé de Meudon, un habitué bien coté de ces dames, qui, sans doute, vient chercher de jeunes pécheresses pour essayer de les convertir en leur inculquant les saints principes...

Politiciens, magistrats, docteurs, artistes, journalistes, vétérans de l'armée, employés et patrons, tout le monde se coudoie au Moulin, chacun cherchant sa perle : *Margaritas ante porcos !* Allons, Messieurs ! faites votre choix, et ne soyez pas trop difficiles, car c'est encore ce que nous avons de plus neuf comme « articles de Paris » !

MOULIN-ROUGE. — La Danse du ventre.

Le Concert Oriental

LA DANSE DU VENTRE

ZIDLER n'avait pas ménagé les attractions pour divertir ses fidèles habitués. C'est ainsi qu'il avait installé un *Concert Oriental* qui, l'été, se donne dans son fameux Éléphant et, l'hiver, dans une annexe de cette partie de salle où le *Pétomane* — encore une de ses inventions — a charmé pendant longtemps Tout-Paris, à l'aide de sa musique plus ou moins inodore.

18

C'est dans le « Concert Oriental » du Moulin que la *danse du ventre*, cette septième merveille de l'Exposition, a été conservée dans toute sa pureté exotique. Mais, du haut du paradis de Mahomet, sa demeure dernière, Lola, la célèbre négresse qui s'était donné la mission, en formant de nombreuses « fatmas », de ne pas laisser retourner, d'où elle était venue, cette jolie exportation des pays du croissant, doit blanchir tous les jours, en voyant dans quelles mains directoriales sacrilèges son concert est tombé !

Ici, les rôles sont renversés, car c'est une négresse d'une laideur toute dahoméenne et généralement ivre de tafia, qui fait sans pudeur ni vergogne la traite des blanches...

Sur une petite scène décorée d'étoffes orientales sont juchées, sur des tabourets boiteux, une demi-douzaine de pseudo-almées, qui ont vu le jour, non sur les bords sacrés de l'Indus, mais à l'ombre des ailes du « Moulin de la Galette ». Elles frappent en cadence sur des tabourkas, accompagnant ainsi le rythme monotone de mélodies, soi-disant arabes, gémies par un mauvais piano...

Ces malheureuses, jeunes et gentilles pour la plupart, dansent les unes après les autres, se tordant en convulsions aussi grotesques que peu intéressantes au point de vue chorégraphique.

L'idéale « Boule-de-Neige », qui dirige le bazar, excite de la voix et du geste ces femmes sur qui, entre temps,

elle essayera d'assouvir son goût origi-
nel de la chair blanche...

L'étoile de la troupe, *Saïda*, une des
plus brillantes élèves de Lola, mérite
seule une mention toute particulière,
moins par la nature captivante de ses
danses du harem, que par le brio et la
passion qu'elle met à les exécuter.

Grande, élancée, ayant à peine dix-
sept printemps, Saïda, dans son
costume d'almée, vous représente bien
le type oriental dans toute sa splendeur.
Jolie ? Oui ! Mais de cette beauté
étrange qui parle non à la vue mais aux
sens. Ses grands yeux noirs lancent
des éclairs fascinateurs, ses lèvres
dédaigneuses semblent, par moment,
offrir un baiser de sirène. D'un caractère sauvage, la lionne redevient vite
tigresse et, si elle fait patte de velours,

profanes, n'approchez pas ! — car c'est pour mieux cacher ses griffes roses...

Cette hystérique de la danse est là, moins pour travailler que pour son agrément. Chez elle une pareille soirée, c'est cinq ou six moments de ce bonheur divin que les filles de son âge vont chercher auprès de leur amant...

D'une perversité chaste, elle aime les plaisirs solitaires.

Saïda n'est ni Féridjée, ni Fatma : elle danse pour elle plutôt que pour la galerie.

Les applaudissements que soulèvent les mouvements gracieux de son torse qui, en se cabrant, font dresser les pointes de ses seins magnifiques hors d'un maillot la moulant, presque nue, jusqu'à la ceinture... elle ne les entend pas !

Se cachant pudiquement les yeux à

l'aide de son foulard, elle va, volup
tueuse... jouissante... avec un roule-
ment lascif des hanches et du ventre,
qui bientôt s'achève brusquement dans
un spasme. . . . .

. . . .

Si jamais un radjah vient assister à
une pareille séance, nul doute que,
désormais, il n'envoie aux Batignolles
son chef des eunuques, pour y recru-
ter ses bayadères et ses sultanes !

FOLIES-BERGÈRE. — Le Promenoir

Les Folies-Bergère

UX Folies-Bergère, situées rue Richer, dans le quartier du Faubourg-Montmartre, il n'existe pas de salle de danse.

Cet établissement se compose d'une coquette salle de spectacle et d'un vaste jardin d'hiver. Au programme figurent des artistes de cafés-concerts, des jongleurs, des gymnasiarques, etc. On y joue aussi des pantomimes anglaises et des ballets souvent fort bien montés.

Ce fut aux Folies que la *Loïe Fuller* exécuta pour la première fois, à Paris, la *Danse Serpentine*. La réclame, savamment organisée, que l'on fit autour de cette création, fut cause que sur toutes les scènes de France des « danseuses serpentines » se crurent obligées, à l'instar de la Loïe Fuller, d'agiter leurs bras dans une robe de cinquante mètres de soie, sous des rayons diversement colorés de lumière électrique.

On se souvient, à ce propos, du singulier procès qu'intenta, inutilement d'ailleurs, la créatrice de cette danse aux directeurs de théâtres faisant jouer

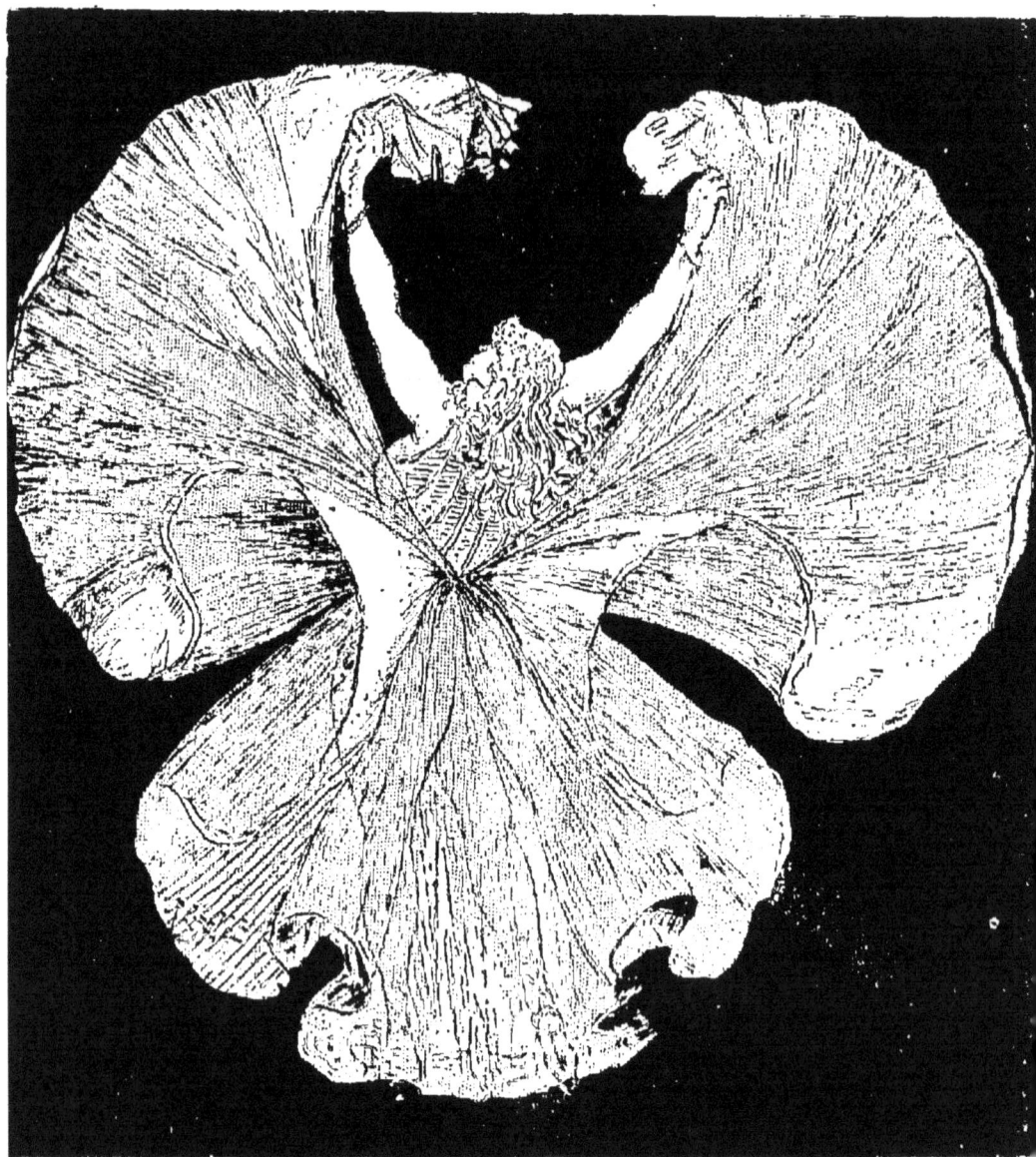

LA DANSE SERPENTINE

ses imitatrices, à la grande fureur de ceux qui avaient compté exploiter son monopole !

Les Folies-Bergère autrefois étaient fort en vogue, mais depuis la création du Casino de Paris, du Moulin-Rouge et, voire même, du Petit Casino, on y rencontre bien moins de monde.

Ce n'est pas, certes, que Mme Allemand, qui en a la direction, n'ait fait tout son possible pour retenir son ancienne clientèle; mais, cette fois, la mode l'a trahie, et elle doit se contenter de ses succès directoriaux à l'Eldorado et à la Scala.

Très intéressante à noter, cette physionomie si parisienne de directrice qui, dit-on, a dû le commencement

de sa fortune à la faveur d'un ministre
tout-puissant de Napoléon III.

Après avoir créé les plus beaux cafés
de Marseille, elle vint à Paris tâter de
la direction théâtrale.

Son activité, ses talents d'organisation et d'administration, en la matière,
l'ont fait réussir, là où tant d'autres
avaient échoué.

Peut-être la chance, qui semble
toujours avoir secondé ses entreprises,
a-t-elle été pour beaucoup dans la
réussite de ses affaires, ce qu'il y a de
certain, c'est qu'elle avait de sérieux
titres pour la mériter.

Les « Folies », avec leur jardin
d'hiver entouré de logettes dont les
sophas sont abrités derrière de discrets
paravents, et leurs nombreux bars ins-

tallés au premier étage, peuvent être considérées comme un véritable café-concert.

Le *promenoir* sert de lieu de rendez-vous aux provinciaux fraîchement débarqués et aux horizontales composées, à quelques exceptions près, des vieilles gardes, clientes de Julien, faisant partie du matériel roulant des *Folies-Bergère* depuis leur fondation.

Ces femmes souffrent difficilement que de jeunes et jolies débutantes viennent « soulever » les clients. Aussi leur font-elles toutes sortes d'avanies lorsqu'elles se hasardent au promenoir, pour les obliger à quitter les lieux.

Elles peuvent faire ainsi pendant aux mendiants qui s'adjugent le monopole des places à la porte des églises !

Se sentant là chez elles, les habituées des « Folies » en prennent, d'ailleurs, à leur aise avec les spectateurs de leurs charmes (?).

Malheur à l'imprudent qui ne se laisse pas raccrocher de bonne grâce; ou se permet de ne pas goûter leurs bruyants propos de filles de barrières ! Toutes, alors, se jettent dessus et, avec une admirable entente, font un petit scandale obligeant le monsieur à une retraite prudente...

Le plus drôle est de les voir renverser les rôles à l'arrivée des inspecteurs, en se posant en femmes outragées. Ceux-ci, obéissant probablement à la consigne, leur donnent toujours raison et, lorsqu'ils procèdent par hasard à une expulsion, on peut être sûr que ce n'est que pour la forme.

Une demi-heure après, les femmes reviennent narguer les malheureux leur ayant servi de têtes de turc !

La doyenne de ces intéressantes personnes est sans conteste *Henriette la Maquillée*.

Les rides de la figure complètement comblées par la couche épaisse de fard et de couleur qui lui sert d'enduit protecteur, Henriette est facile à reconnaître avec sa broche « fer à cheval » en diamants, fruit sans doute de ses premiers travaux. N'a pas manqué un seul soir, qu'il pleuve, vente ou neige, de venir visiter sa petite clientèle des Folies et, ce, depuis quelque trente ans !

Invraisemblablement laide, avec son nez retroussé et ses rares cheveux blond cendré, on se demande par quels artifices elle a pu amasser de quoi vivre tranquillement pendant sa retraite dont l'heure est depuis longtemps sonnée, et qu'elle semble, cependant, décidée à prendre aujourd'hui.

Mystère et talents !

Nous ne fatiguerons pas le lecteur en lui faisant passer sous les yeux quelques autres silhouettes *ejusdem farinæ,* car elles sont bien une quarantaine de blondes, brunes, maigres et grasses, de la catégorie d'Henriette qui, chaque soir, viennent aux Folies donner aux étrangers et aux provinciaux une piètre idée des charmes de la Parisienne !

Quelques exceptions à cette troupe de vieilles gardes sont plus réjouissantes à signaler :

Renée, grande et belle fille, figure assez distinguée, fait la noce par tempérament, préfère l'amour à la fortune ; vient aux Folies pour passer le temps, par habitude, et surtout pour se payer quelques athlètes aux biceps exubérants. A été hystériquement toquée de celui qui a eu la gloire de tomber Tom Cannon.

Son fol amant, pour lui prouver qu'elle avait consciencieusement placé son affection et son argent, lui administrait régulièrement, tous les soirs, de ces raclées homériques, reconnues par tous les spécialistes comme le seul remède efficace dans le traitement de la plupart des maladies nerveuses chez la femme.,.

Marguerite, un ancien prix de

beauté, encore très jolie, a une clientèle choisie parmi les riches étrangers qui viennent passer, chaque année, quelques jours à Paris.

Couverte de diamants, on dirait un étalage ambulant de bijoutier.

Court tellement après la fortune qu'elle déraille toujours au moment de l'atteindre.

A mangé le plus clair de ses gains et de ceux de ses principaux commanditaires dans une spéculation malheureuse de couvents « très fin de siècle » en Amérique. Tâche, en travaillant ferme, de rattraper son argent qui, venu de la flûte, s'en est allé au tambour!

Miss Adam, — pourquoi pas Ève? Une ancienne, assez jolie. Fait, le jour,

l'Hôtel des Ventes et, le soir, les Folies-
Bergère.

Pourvu qu'un jour on ne l'adjuge
pas comme vieux tableau fraîchement
restauré ?

Les *sœurs Miral*, l'une paraît assez
âgée malgré ses couleurs factices,
l'autre a seize ans à peine. Cette dernière, avec ses cheveux dans le dos et
son petit chapeau canotier, est tout à
fait gentille. N'était la couche de
plâtre qu'elle a sur la figure et qui lui
donne le précoce stigmate du vice, on
la prendrait pour une petite pensionnaire. Elles se font passer pour
sœurs ; si vous voulez savoir la vérité,
ami lecteur, c'est la mère et la fille !

La petite *Marie*, gentille brunette

très bien élevée et pas bête du tout, est une des très rares femmes des Folies que l'on retrouve toujours avec plaisir. Ce n'est pas, à vrai dire, une habituée, car le commerce d'icelles n'est guère de ses goûts.

Aime à faire des folies, mais l'été à la campagne, qu'elle adore. C'est peut-être pour cette raison qu'elle vient si souvent aux *Folies-Bergère?*

Louise, surnommée « la Solitaire ». C'est une *professional beauty*, artificiellement blonde aux yeux noirs, possédant tout le chic de la Parisienne de Grévin.

Constamment seule, se méfiant des amies, ne perd pas sa soirée à s'amuser aux bagatelles de la porte avec les uns ou avec les autres.

En femme pratique, elle connaît le prix du temps et tient à se retirer le plus tôt possible des affaires, pour vivre tranquille avec son « petit musicien ».

Les autres, par jalousie, la trouvent trop fière. Elle se rattrape, cependant, une fois sortie des « Folies », dans les cabinets particuliers de Baratte où elle se livre à toutes les ivresses... sans la moindre fierté !

Laure, plantée droite au coin du vestibule d'entrée et du promenoir, attend patiemment l'offre qu'elle provoque, à l'occasion, par la demande timide d'un bock.

Assez gentille brune, a eu des succès il y a cinq ou six ans à l'Élysée-Montmartre où elle allait, en « amateur », chahuter, sans pantalon, après avoir sacrifié à Bacchus !

Aujourd'hui se tient sérieuse, même lorsqu'elle a son traditionnel plumet, et... n'en est pas plus drôle pour ça !

Juliette Chalart, vingt ans, une saine beauté non encore étiolée par les nuits d'orgie et les veilles laborieuses. C'est encore une des rares habituées des « Folies » qui se tiennent convenablement, et qui sait, à l'occasion, afficher des prétentions modestes. Aussi n'est-elle point d'un commerce désagréable, tant s'en faut !

Une indiscrétion d'alcôve : Hiver comme été, sa chevelure, assez opulente pour envelopper son corps superbe, lui sert seule de chemise de nuit. Notre mère Ève n'en avait pas d'ailleurs davantage, ce qui a dû, à elle aussi, lui faciliter d'assouvir, en toute liberté, sa passion pour les pommes...

Juliette se dit très forte pour monter en haute école... « Honni soit qui mal y pense ! »

Jeanne de Beaulieu est une très jolie femme, à la physionomie distinguée. C'est le tambour-major du bataillon, mais comme elle est admirablement proportionnée, hâtons-nous d'ajouter que sa haute taille n'est nullement disgracieuse.

Elle vient chercher ses clients en voiture de cercle et, dans son « home » de la rue Godot-de-Mauroi, des plus confortablement installés, leur offre une hospitalité de nuit tout à fait... écossaise.

Les *sœurs Deprate,* petites brunettes, ayant toujours l'air dépaysé lorsqu'elles viennent aux Folies. Précieux sujets pour hypnotiseur, elles sont le plus souvent en « tournées », dans les cafés-concerts, où leur seigneur et maître, prestidigitateur à l'occasion, les escamote dans une malle à double fond.

Sarah, grande brune et maigre comme la « Divine », est arrivée du fond de sa province pour visiter l'Exposition. Ayant négligé de prendre un billet de retour, elle nous est restée. La patronne bien connue de « Marbeuf-Hôtel », où elle était alors descendue, se chargea obligeamment de l'initier aux moyens de gagner son existence à Paris, lorsqu'on a de jolis

yeux, tout prêts à faire valoir le précieux « capital » dont la nature, toujours prévoyante, a doté les filles d'Ève.
Pleine de bonne volonté, Sarah se
laissa bénévolement exploiter par sa
trop complaisante propriétaire, jusqu'au jour où, en ayant assez, elle sou-
leva délicatement le paillasson de la
main gauche pour y glisser dessous,
de la main droite, la clef de sa
chambre en échange de celle des
champs...

Signe particulier : Laryngite chro-
nique.

Madeleine, petite blonde, grosse
comme deux liards de beurre, reste
timidement sur sa chaise dans quelque
coin, attendant qu'un passant veuille
bien s'occuper d'elle. Tient à ne

pas attirer l'attention des vieilles gardes qui ne lui permettraient pas, à cause de son extrême jeunesse — elle n'a pas dix-sept ans, — de venir leur souffler le plus petit client !

Berthe est aussi une jeune recrue, venant de temps à autre aux Folies. Cherche encore sa voie, sortant à peine de son apprentissage dans les chemises d'hommes.

Elle résigna, en effet, ses fonctions de « première » dans le magasin où elle travaillait, préférant jouir de sa liberté et profiter de sa jeunesse, que de s'user le tempérament à procurer des rentes et des satisfactions trop personnelles à ses exigeants patrons…

Après avoir éprouvé les pires privations de la « *struggle for lifer* », elle eut

FOLIES-BERGÈRE. — Un bar.

la chance, un jour, d'intéresser un fils de famille à sa situation.

Cela dura jusqu'au moment où le papa coupa les vivres aux deux amoureux, tout comme dans la « Traviata ». Berthe en eut un chagrin mortel, — ça se comprend — mais ne s'empoisonna pas, ce qui se comprend encore mieux !

Tirée d'affaire, le pied dans l'étrier, elle piqua des deux, en route pour Cythère, dont à présent elle est une des plus gentilles émigrées.

LES BARS

Si le raccrochage est toléré dans le promenoir, il est officiellement encouragé dans les *bars* du premier étage.

Ces bars existent tout autour de la galerie de la salle de spectacle et du jardin d'hiver. Ils sont au nombre d'une vingtaine environ.

Les femmes qui en sont titulaires changent rarement; elles les conservent aussi longtemps qu'elles peuvent consciencieusement remplir le rôle de tonneau des Danaïdes, car s'ils rapportent beaucoup à Mme Allemand, ils sont aussi d'un bon revenu pour les malheureuses, condamnées au supplice non de l'eau, mais de l'alcool.

Lorsqu'un naïf provincial est assez imprudent pour s'aventurer dans la galerie, il n'a pas fait deux pas que, déjà, son chapeau lui est prestement enlevé par une de ces hétaïres.

Si encore elles étaient jolies !

Mais, à vrai dire, aucune de ces anciennes laveuses de vaisselle n'a rien pour faire pardonner le plus petit instant de faiblesse...

Le brave homme est tout de même flatté, au fond, qu'une de ces dames lui ait joué ce tour et lorsqu'il rentrera dans son petit trou, il se promet *in petto* d'épater les camarades du Café de France... .

Songez donc : être distingué par une Parisienne élégamment vêtue d'une robe de soirée, d'un décolleté à faire frémir Madame son épouse, n'y a-t-il pas de quoi être quelque peu fier de soi-même ? Je vous le demande, ô sceptique lecteur !

Notre homme n'hésite pas, il va redemander son couvre-chef, bien résolu à engager avec la dame un bout de conversation.

On s'assied et on cause très genti-

ment. La femme, en cinq minutes,
sait ce qu'elle peut tirer de son client.

Boum...

— Qu'est-ce que c'est?

Du Cliquot, une pauvre petite
bouteille pour se rincer le gosier. Il
fait si chaud !

C'est le moins qu'un homme ga-
lant puisse offrir à une femme, surtout lorsqu'elle est aussi prévenante
et qu'elle sent aussi bon!

Boum...

— Chéri ! c'est une seconde bouteille,
j'ai mes petites amies d'en face qui me
font signe qu'elles voudraient bien en
boire un verre et venir faire ta connais-
sance...

Comment refuser, maintenant qu'elle
est débouchée ?

Cinq minutes après :

— Tu sais, mon petit, je vois des clients qui viennent là-bas, tu m'excuseras, mais, tu comprends, les affaires avant tout !

— Ça fait combien ?

— Deux louis. Tu me donneras ce que tu voudras pour moi, mon amour !

. . . .

Au bar situé à l'entrée du milieu de la galerie du théâtre, il y a deux vieilles gardes, une brune et une blonde, qui excellent dans l'art de retourner les pochés des naïfs.

Peu osent s'en plaindre de peur de passer pour des serins ; et si, d'aventure, un se hasarde à faire le récalcitrant, elles crient « au voleur ! » et gémissent d'avoir inutilement déballé leur champagne et leurs charmes !

BULLIER. — Le " coin " des Escholiers.

Bullier

BULLIER, le célèbre bal des étudiants, situé sur la place de l'Observatoire, en plein quartier Latin, est un des rares bals de l'ancien Paris qui n'aient pas encore succombé sous les coups de pioche des démolisseurs.

Il s'est tout d'abord appelé la *Chartreuse,* en souvenir de l'ancien couvent des Chartreux, dont il occupe en partie l'emplacement.

Cet établissement, édifié au commencement de ce siècle, était exclusivement fréquenté alors par des étudiants et des grisettes.

Lors de la disparition de la *Grande-Chaumière*, sa rivale, la *Chartreuse*, en 1838, prit le nom de *Closerie des Lilas* et jouit bientôt d'une vogue justifiée par son nouvel aménagement. Tout s'y trouvait, en effet, réuni pour le plaisir des « escholiers », car avant que M. Bullier eût établi son Prado d'hiver dans son Prado d'été, avant qu'il eût pris pour l'un une partie de l'emplacement consacré à l'autre, il y avait là assez de bosquets pour inciter les amoureux à s'y égarer, et assez d'arbres pour permettre aux poètes d'y rêver.

Les amoureux et les poètes, qui ne l'ignoraient pas, venaient dans la journée, entre le déjeuner et le dîner; les femmes apportaient leur ouvrage — un prétexte — les hommes n'apportaient et n'affectaient que leur envie de flâner ou de lorgner, les uns faisant la roue, les autres minaudant; une répétition, enfin, de ce qui se passe, encore aujourd'hui pendant l'été, dans l' « allée des Veuves », au Jardin du Luxembourg.

Les célébrités chorégraphiques contemporaines du fameux Chaunard, de Mürger, étaient alors à la Closerie : *Adèle Blic, Clara Fontaine, Pochardinette, Clary Fauvette, Pauline la Folle, Olympe, Cigale, Reine, Souris, Sardine*, etc., plus tard, vinrent : *Henriette Zouzou, Anita l'Espagnole,*

Peau-de-Satin, *Bouffe-Toujours*, *Nina Belles-Dents*, *Finette la Bordelaise*, *Malakoff*, etc.

Une fois, la « Closerie des Lilas » reçut une visite qui eût suffi à l'illustrer à jamais : celle de Béranger — rien du sénateur! — qui demeurait alors rue d'Enfer et que le hasard du voisinage ou de la promenade avait conduit là. Un vieil étudiant le reconnut et le signala. Béranger! A ce nom, prononcé et répété, ce furent des trépignements d'enthousiasme indescriptibles; on entoura le vieillard, on l'étouffa sous les baisers et sous les fleurs.

Jeanne la Belle lui offrit son bouquet qu'il accepta les larmes aux yeux, *Delphine* lui demanda la permission de poser ses jeunes lèvres sur ce vieux

front, à la place où les autres poètes
posent les lauriers et où il n'avait, lui,
que des rides ; le chantre, ahuri par
cette ivresse, permit tout ce qu'on
voulut et s'en retourna chez lui, heureux de se dérober, au plus vite, à ces
témoignages bruyants de tendresse et
de reconnaissance.

Bullier, aujourd'hui, a suivi un peu
les transformations qui se sont opérées
ces dernières années dans ce petit
peuple du quartier Latin, composé en
grande partie de la jeunesse des écoles
et facultés.

L'étudiant, en ces années centenaires
de la Révolution, n'est plus, à beaucoup
près, ce qu'il était il y a un demi-siècle,
époque où une modeste pension de
cent cinquante francs par mois lui

suffisait amplement pour ses besoins personnels et lui permettait d'offrir, à défaut du vivre, le couvert et des bocks à sa « Lisette ».

« Lisette » aujourd'hui s'appelle « de Santa-Grue », et ne se contente plus de beaucoup d'amour arrosé de quelques « demis » !

Avec elle, la vieille pipe est allée rejoindre les accessoires de cette ancienne vie de bohème, jugés comme manquant de chic par les nouvelles couches sociales.

Dans Bullier on ne rencontre pas dix étudiants dont les allures et la franche gaieté gauloise vous rappellent ce bon temps du poète dont nous parlions tout à l'heure.

Tirés à quatre épingles, la plupart des étudiants, le londrès à la bouche, vont faire un tour à Bullier, plutôt par tradition que pour s'amuser.

Ils se contentent de regarder, railleurs, le monocle vissé à l'œil droit, quelques rares basochiens et les joyeux élèves de l'École des Beaux-Arts qui, eux seuls, sont encore là pour conserver au « quartier » son caractère rabelaisien, au grand désespoir, d'ailleurs, de ses paisibles « philistins ».

Honneur, trois fois honneur à ces braves disciples de maître Alcofrivas !

Puissent leurs rires être assez puissants pour renverser les remparts de sottise et de vanité dont s'entourent aujourd'hui les fils de notre bourgeoisie !

Le jeudi, le samedi et le dimanche, seuls jours de la semaine où Bullier est ouvert, aussitôt après le spectacleconcert, — encore une conquête du progrès —, l'orchestre attaque une ronflante polka à laquelle, il faut le reconnaître, presque tout le monde prend part.

A Bullier, il n'y a pas, comme au Casino, au Moulin ou à l'Élysée, de danseurs et de danseuses payés. Danse qui veut : *liberté, libertas*. Aussi tel qui ne risquerait point le plus petit pas dans ces établissements-là, fait volontiers, le jeudi surtout, jour du *high life*, une valse ou une polka à l'ancienne « Closerie ».

Ici le sans-gêne règne sans partage. Il est de bon ton, surtout pour les femmes, de suspendre le décorum au vestiaire, le laisser - courre le plus naturaliste étant un des caractères distinctifs de l'endroit. L'administration ne subventionnant pas les danseuses, celles-ci, les habituées du moins, n'ont cure de dépenser leur « belle galette » à se procurer des dessous dont la transparence n'aurait, d'ailleurs, rien de suggestif !

La jeunesse des écoles est indulgente et celles qui ont des pantalons à peu près propres sont réputées « femmes chics » et, partant, ont droit à toutes les prétentions...

Au fond de la salle, à gauche de l'orchestre, est le « coin » réservé aux ébats des vrais basochiens.

Dans ce dernier réduit du « rire » de notre folle Jeunesse, quelques types de femmes sont intéressants à croquer, car ils n'existent dans aucun autre bal de Paris.

Ces compagnes fidèles des étudiants forment, en grande partie, le bataillon des « vadrouilleuses » du quartier.

Jeunes encore, mais d'une mise plus que modeste, elles vivent sur le « commun ».

Mangeant un jour à la pension d'un camarade, le lendemain à celle d'un autre, quelquefois restant couchées toute la journée en mettant en action ce proverbe : *Qui dort dîne !*

Pour elles, une soirée à Bullier fait vite oublier les misères passées, et rien ne paraît leur faire plus plaisir que de se livrer à un quadrille incohérent avec quelques écoliers de la basoche, qui les abreuvent généreusement ensuite d'une quantité invraisemblable de bocks.

Les tables du « coin » se trouvent bientôt surchargées, surtout dans les premiers jours du mois, d'un respectable nombre de piles de soucoupes, représentant une bonne partie de la pension de l'étudiant, ce soir-là trésorier-payeur, et dont l'insouciance est traditionnellement exploitée par les garçons de café, — de première force, à Bullier, sur la multiplication...

Les intermèdes sont agréablement variés par des parties à la main chaude ou des causettes.

Bacheliers quatr'-z-arts et étudiantes s'assoient par terre, le dos appuyé le long de la balustrade de la terrasse et, se passant le calumet de paix, échangent des plaisanteries aussi salées que possible.

La viande, qui fait aujourd'hui l'ordinaire des pauvres escholiers, paraît, en général, assez coriace pour qu'on puisse les autoriser à user d'un peu de piment!

Bianca fait à peu près seule contraste dans ce groupe de filles, dont la jeunesse se passe entre un matelas et moult bocks.

Jolie brune, généralement coiffée à « la Vierge », Bianca est véritablement la reine des étudiantes de Bullier.

Aussi, il faut voir la considération dont elle y jouit; c'est, malgré ses malheurs, l'orgueil du Quartier, tout comme « la Goulue » est celui de la Butte.

Si, après, nous ne voulons pas tirer l'échelle, au moins faut-il la descendre d'un nombre considérable d'échelons!

Pour faire œuvre de chroniqueur consciencieux, citons encore parmi les types les plus curieux d'habituées :

Marcelle, gentille brunette aux traits réguliers et bien accentués; un corps qui fait le bonheur des jeunes artistes de la rive droite ayant assez de chance pour la posséder et comme maîtresse et comme modèle; — l'amour aidant l'art !

C'est une bonne aubaine également pour les photographes, en ·faveur de qui elle consent volontiers à poser dans des costumes d'un cythéréen à faire rougir notre pudibond Père Conscrit Bérenger.

Yvonne, type de la « vadrouille » du Quartier, assez jolie, et suffisamment bien faite pour pouvoir se passer de cet *impedimenta*, qui a nom corset. Chahute pas trop mal et, somme toute, est assez drôle dans son genre, avec son chapeau mou, planté à la garçon sur ses cheveux coupés.

Carmen, grande brune, aussi sèche que longue, a le cœur très sensible, se toquant de tous les étudiants nouveaux venus. A l'habitude de noyer ses chagrins d'amour dans la verte absinthe ou dans la blonde bière, — le champagne du Quartier !

La Marquise, pose dans les ateliers d'artiste, non pour la tête, qu'elle n'a pas jolie, la pauvre enfant, mais pour les jambes qu'elle a admirablement faites.

Cette fidèle du lieu n'a rien pour justifier son nom de guerre auquel, cependant, elle paraît énormément tenir.

Étant à ses premières armes, elle n'a pas encore de blason.

Georgette, dite « Bébé », bonne petite figure réjouie, folâtre sans prétention. Paraît très aimée dans la « bande du coin ».

Mélie, est constamment à chahuter et ne manque pas une danse. Comme la graisse ne la gêne pas, elle sert toujours de cavalier aux amies qui désirent en « faire une ». Bonne fille, type réussi de la chahuteuse du quartier, dont elle doit être une des étoiles de première grandeur !

Mireille, rien que ce nom dit qu'elle est Arlésienne. Profil régulier, cheveux de jais, cette importation du chaud pays chanté par Mistral s'étiole de jour en jour dans l'atmosphère viciée des brasseries du Quartier.

Poitrinaire — sans poitrine! — Mireille, l'air triste, semble toujours pleurer son beau ciel de Provence, qu'elle craint bien ne plus revoir que dans ses rêves...

Lucienne, un modèle, pose pour le corps; une des mieux de Bullier, brune aux yeux fendus en amande, est très recherchée aussi bien des « copains » que des femmes pour qui elle a, d'ailleurs, un faible.

Aime beaucoup à chahuter en public et à nocer, à domicile, dans sa maison habitée du haut en bas par des prêtresses de Lesbos.

Suzanne des Quatre-Saisons est encore un type achevé de la « vadrouille purée », comme on dit au Quartier, Lève très haut la jambe en chahutant, dans le but d'exciter les convoitises du public. Malheureusement pour elle, il se dégage de son corps une telle odeur de moisi, que personne n'ose se hasarder à pousser plus loin de dangereuses investigations !

CARACTÉRISTIQUE : Fait la cour aux musiciens de l'orchestre dans l'espérance d'y rencontrer un amateur de ses flûtes !

Marguerite. Frimousse chiffon-née, dix-huit ans, assez bien faite, adore la danse et les frites. Très intelligente, a débuté au Quartier, il y a deux ans, par faire son droit, puis, pour cause de « lâchage », s'est lancée dans la médecine, ce qui lui permet aujourd'hui de donner des consultations à ses nombreuses amies, victimes des flèches de Vénus.

Marguerite, avec son cœur d'or, est d'ailleurs la providence des « copines » qui battent la dèche; cela est d'autant plus méritoire qu'elle n'a qu'un vague espoir d'être proposée un jour pour prix Montyon !

Berthe, chahute généralement sans pantalon, en mettant ses robes entre les jambes à la façon des pêcheuses de la Manche.

Lorsqu'elle fait vis-à-vis à Yvonne,

dont elle est la « petite femme », elle se livre avec celle-ci à toutes les excentricités possibles dans l'espérance de ramasser de nombreux sous, jetés comme témoignage de satisfaction par les étudiants en goguette.

Maria, mère de huit « petits salés », comme elle dit élégamment, ce qui ne l'empêche pas de continuer à chahuter à Bullier les jours de fête. Augmente son « casuel » par d'intéressantes séances de prestidigitation à huis clos. Le tour qu'elle réussit le mieux est l'escamotage d'une demi-bouteille, qu'elle exécute en se mettant nue comme ver, sur une table, afin de bien démontrer que ce n'est pas précisément sous ses vêtements qu'elle fait disparaître l'objet, pendant les trois secondes où tout le monde est prié de fermer les yeux !

Marie et *Suzanne,* brunes toutes deux, corset bien garni, de riches mollets ; un très gentil petit couple bien fait pour s'entendre ; font ensemble la popotte, partageant la bonne et la mauvaise fortune. Hystériques jusqu'à la moelle, feraient une maladie si dans une journée elles ne pouvaient s'offrir une demi-douzaine de « gigolos », les « michés » ne pouvant avoir, assurent-elles, la prétention de leur produire de l'effet, avec leur argent, car s'il y a une marchandise qui se vend, il y en a une autre qu'on ne peut acheter... Consolation suprême des déshérités de la fortune !

Mariette et *Margot,* toujours ensemble, se tiennent toutes deux très convenablement et ont, Mariette surtout, assez de succès. Cette dernière paraît même convaincue qu'elle roulera bientôt carrosse et entrevoit déjà dans ses rêves ambitieux un hôtel, avenue du Bois. En attendant, se contente de celui du Quartier où, moyennant trente francs par mois, une hospitalité plus ou moins large lui est assurée...

Paule Irvane, une des «excentricités» de Bullier ; hermaphrodite, elle court, selon la lune, soit après les garçons, soit après les filles, peut ainsi se procurer deux sortes de jouissances et dépenser à la nouvelle lune ce qu'elle a gagné avec la pleine...

De même que le « Moulin Rouge »

a une célébrité parmi les danseurs :
« Valentin le Désossé », Bullier a *Mon
Oncle* qui, lui, est un danseur ama-
teur vieilli sous le harnois.

« Mon Oncle », au physique, avec sa
barbe poivre et sel, ressemble assez à
un brave juge de paix de canton.

Il y a peu de temps encore, il ne
manquait jamais un quadrille, enseignant complaisamment aux jeunes
débutantes les principes les plus élé-
mentaires du chahut : toutefois sa
préférée est encore Nini, sa cava-
lière fidèle et ce, depuis nombre de
générations d'étudiants !

Aujourd'hui « Mon Oncle », se sentant devenir vieux, se ménage davantage et ne vient à Bullier que les jeudis
et jours de grande fête. Ces jours-là,
il est heureux de se retrouver au milieu

Après Bullier. — A la brasserie.

de cette folle jeunesse des écoles dont il se sait, tout comme Francisque Sarcey, l'oncle vénéré.

Possédant deux cafés à Paris, il se sert de ses jambes non comme d'instruments de travail mais de plaisir, car c'est un convaincu, dans toute l'acception du mot. La gravité comique avec laquelle il danse fait le bonheur des habitués de la *Closerie*, où il a su s'attirer non seulement les sympathies mais encore le respect de tout le troupeau féminin qui, chaque année, se renouvelle quelque peu au Quartier.

Il n'y a pas beaucoup de présidents d'assemblées politiques pouvant se flatter d'avoir eu une popularité aussi constante que la sienne, et ce sera pour « Mon Oncle » la suprême consolation d'une vieillesse qui, souhaitons-le, ne cessera pas que d'être heureuse!

Minuit! C'est la polka finale; bras dessus, bras dessous, couples et bandes partent de Bullier et regagnent le « Boul' Mich' » en chantant les refrains du Quartier.

Rue Soufflot, la dislocation commence à s'opérer, les uns vont aux « Escholiers » et les autres descendent au « d'Harcourt », à « la Source », à « Gambrinus », ou dans les rares brasseries de femmes qui subsistent encore aujourd'hui.

C'est dans ces établissements, ouverts jusqu'à deux heures du matin, que se finissent, en général, pour les étudiants fortunés et les étudiantes en quête d'un « gîte », la soirée commencée à Bullier. Pour ces dernières, les veuves, c'est l'heure du travail, car si à Bullier les préoccupations de la lutte pour la vie s'en vont au son de l'orchestre, ici, la vue des victuailles, s'étalant complaisamment sur le buffet de la brasserie, les rappelle aux réalités du lendemain.

Triste lendemain, pour la plupart d'entre elles, et qui plus d'une fois est venu leur faire regretter la bonne soupe qu'elles avaient d'assurée lorsqu'elles étaient à Saint-Lazare ou à Lourcine!

ÉLYSÉE-MONTMARTRE. — La Grotte.

Élysée-Montmartre

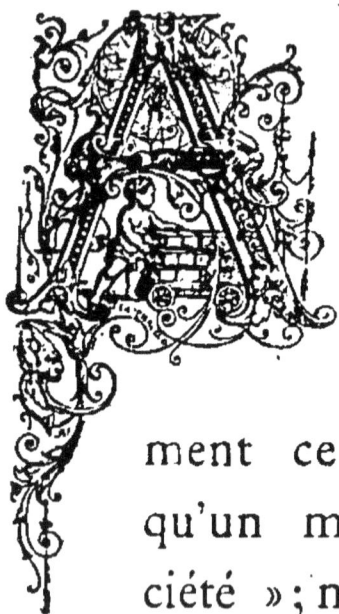

PRÈS Bullier, c'est
certainement le plus
ancien bal de Paris,
car il existe depuis
une cinquantaine d'an-
nées. Au commence-
ment ce n'était, à vrai dire,
qu'un modeste bal de « société »; mais le progrès aidant,
il reçut de nombreuses transformations et devint bientôt le rendez-

vous de la jeunesse du quartier de la Butte.

A la salle de bal a été adjoint, ces derniers temps, un jardin d'hiver pris sur les magnifiques jardins de l'Élysée, sous les ombrages desquels on danse pendant l'été. Très pittoresques ces jardins où Olivier Métra, qui habitait le petit pavillon y attenant, composa ses chefs-d'œuvre et où il eut ses meilleures inspirations.

Les jardins de l'Élysée furent, en effet, le berceau de sa *Valse des Roses,* de *la Vague,* de *Gambrinus* et autres morceaux devenus populaires.

Cascades, rochers, ruisseaux, tourelles, discrets labyrinthes aménagés pour les couples à la recherche de la solitude, rien ne manque à ces jardins dont les échos retentissent, depuis un demi-siècle, des joyeux ébats des grisettes de la rive droite.

Lorsque Métra se fixa aux « Folies-Bergère », ce fut Dufour qui lui succéda comme chef d'orchestre.

Malgré le fardeau d'une pareille succession, ce dernier sut conserver à son orchestre son antique réputation, puisqu'aucun autre, encore aujourd'hui, ne peut soutenir la comparaison avec lui pour la musique de danse.

Nous avons dit, à propos du « Casino de Paris », que le directeur actuel de l'Élysée-Montmartre est M. Desprez. C'est sous sa direction, il y a une dizaine d'années déjà, qu'au son de l'orchestre endiablé de Dufour naquirent les premiers écarts du fameux quadrille naturaliste, enfanté par

La Goulue, Grille-d'Égout, la Macarona et *Nini Patte-en-l'Air*, en une nuit de folles débauches chorégraphiques, sur les vertes pelouses des jardins de l'Élysée !

Ce fut, pour ceux-ci, une époque glorieuse, marquant dans leur histoire le point culminant de leur vogue.

Aujourd'hui, d'autres établissements mieux aménagés et, il faut le dire, mieux fréquentés, sont venus lui porter une concurrence sérieuse, car les efforts de son directeur, pour ramener le Tout-Paris qui s'amuse, ne paraissent pas avoir été suivis jusqu'ici de beaucoup de succès. Mais la mode est si changeante que l'Élysée reverra peut-être les beaux jours d'antan...

Tempi passati perchè non ritorni ?

Après avoir parlé des bosquets, parlons des oiseaux, dont les plus connus sont : *Miss Rigolette et ses élèves*, la *Japonaise*, la *Torpille*, la *Cascade, Moulinette, Boute-en-Train*, etc., — toutes intrépides chahuteuses, et pas bégueules pour deux sous !

Le laisser aller le plus pastoral règne sans partage dans leurs quadrilles, où le pantalon arboré est généralement de tulle, pour l'hiver; l'été, on l'oublie souvent... c'est si gênant!

Tout cela se passe en famille, à la bonne franquette, sous l'œil paternel du *Père Du Roché*, le grand maître des cérémonies de l'Élysée, pas Carnot, s'entend!

C'est un type, dans toute l'acception du mot, que ce bon papa Du Roché, surnommé le *Père la Pudeur*.

Toujours correctement vêtu d'un habit noir, la chaîne d'huissier au cou, il surveille d'un œil paterne les ébats de ses enfants, auxquels il sait mettre un frein... à l'extrème rigueur.

Jamais on ne le voit se fâcher; il aime mieux agir par la douceur et la persuasion. Ses cheveux blancs et sa bonhomie naturelle en imposant, il faut le dire, aux plus récalcitrants.

Le *Père la Pudeur* a dû acquérir, on le sent, une forte dose de philosophie pendant les longues années de son ministère.

Ce qu'il en a vu passer, des étoiles... filantes!

C'est encore un point commun qu'il a avec ses collègues administratifs qui, eux aussi, ont puisé leur proverbiale

ELYSÉE-MONTMARTRE. — Le *Père la Pudeur*.

24.

philosophie dans les mésaventures de leurs nombreux patrons, — étoiles filantes de la politique!

Ajoutons que papa Du Roché n'a plus qu'une passion, aujourd'hui ; elle est, du reste, bien inoffensive : c'est celle de la photographie.

L'Élysée-Montmartre n'est ouvert que les dimanches, mardis, jeudis et samedis; le mardi, c'est le jour de grande fête : le bal dure alors jusqu'à deux heures du matin.

Les timides grisettes de Montmartre et de Belleville, en rupture d'atelier, s'y hasardent, tout d'abord, avec le « gigolo » de leur cœur; elles n'abandonnent l'un et l'autre que lorsqu'elles se sont définitivement enrôlées dans le bataillon de Cythère.

Ce qui arrive généralement, aussitôt qu'elles ont pu troquer leurs modestes vêtements de laine contre les robes de soie qu'elles se contentaient, naguère, d'entrevoir dans leurs rêves d'enfants malheureux...

A côté de celles-ci, des filles de la banlieue venues avec leurs parents, — pour commencer, — acceptent volontiers de faire une valse, se contentant de regarder le quadrille dont souvent, plus tard, elles deviennent une illustration.

Le public, au demeurant, est quelque peu mélangé et ne sent pas précisément le faubourg Saint-Germain. Aussi ne recommanderons-nous pas autrement, aux nobles étrangers, dési-

reux de connaître ce curieux coin historique de Paris-Cythère, d'engager
conversation avec certains amis de ces
« dames », que la vue d'une ligne ferait
fuir !

TABLE DES MATIÈRES

.

.

Paris. Imp. de *La France Artistique et Industrielle*, 18, rue Cadet

www.ingramcontent.com/pod-product-compliance
Lightning Source LLC
Chambersburg PA
CBHW070748270326
41927CB00010B/2103